ST PAULI
Kohlen
Lager

H.M.S. NEWCASTLE.

TATO-JACK.
TATO JAC
TATO OSCA

HÄFEN

Ein literarischer Führer

Herausgegeben von Florian Beckerhoff

2008

Blaise Cendrars: Das ist jedoch das Wunderbare an einem Hafen: Ein Schiff, kaum hat es die Reede hinter sich gelassen, kann dich überallhin führen. **Stefan Zweig:** Häfen sind meine Leidenschaft. Jeder Hafen, jedes Schiff bringt eine andere Fracht. Sie sind die Welt in unseren Städten. **Fernando Pessoa:** Um das Unendliche zu erreichen, brauchen wir einen Hafen, einen einzigen, sicheren Hafen, von dem aus wir aufbrechen – zum Unbestimmten. **Marguerite Duras:** Es ist altbekannt, daß man in Häfen die größte Anzahl Geheimnisse findet. **Renzo Piano:** Ein Hafen ist nun einmal ein Hafen. **Montaigne:** Dem weht kein Wind, der keinen Hafen hat, nach dem er segelt. **Walter Benjamin:** Das Hafenvolk ist eine Bazillenkultur; Lastträger und Huren, menschenähnliche Fäulnisprodukte. **Victor Hugo:** In diesem Labyrinth aus Dämmen, Molen, Deichen und Kais verschwindet der Ozean wie ein Pferd unter dem Harnisch. Je kleiner der Hafen, um so größer das Meer. **Paul Valérie:** Für mich gibt es kein Schauspiel, das dem gleichkommt, was ich von einer Terrasse oder einem Balkon aus sehe, in guter Lage oberhalb eines Hafens.

Eichborn BERLIN
www.eichborn-berlin.de

16/ August 2015 [illegible]

Vorwort

2008

Wer etwas erleben will, geht in den Hafen, trifft auf abenteuerlustige Reisende, gestrandete Flüchtlinge, schwere Jungs, leichte Mädchen, heimatlose Seemänner mit Papageien auf der Schulter und – nicht zuletzt – ruhelose Literaten. Denn es ist allgemein bekannt, daß »man in Häfen die größte Anzahl Geheimnisse findet« (Marguerite Duras). Jeder hier hat seine ganz eigene Geschichte zu erzählen.

Mitte des 19. Jahrhunderts, als die Häfen durch das Aufkommen der Dampfschiffahrt an Bedeutung und Größe gewannen, empfand Victor Hugo sie als Ärgernis: »Ich verabscheue das ganze Mauerwerk, mit dem man das Meer ausstaffiert. In diesem Labyrinth aus Dämmen, Molen, Deichen und Kais verschwindet der Ozean wie ein Pferd unter dem Harnisch. Je kleiner der Hafen, um so größer das Meer«, machte er sich nach Manier eines echten Romantikers Luft. Heute, da die Containerschiffahrt den Matrosen kaum noch Zeit läßt, an Land zu gehen, und das Flugzeug sich längst als die schnellere Alternative zum Passagierschiff durchgesetzt hat, verwandeln sich die Häfen nicht etwa zurück in ihren vorindustriellen Urzustand. Sie vollziehen ihre nächste Metamorphose: Die schikken neuen Hafen-Citys sind weder besonders romantisch noch wirken sie geheimnisvoll. »Ein Hafen ist nun einmal ein Hafen«, bemerkt der Architekt Renzo Piano lakonisch. Kein Architekt kann (und will) durch seine Bauten den Geist der großen Häfen wieder zum Leben erwecken.

Zwischen Victor Hugo und Renzo Piano, den beschaulichen Häfen der Segelschiffahrt und den gläsernen Bürohäusern der Hafen-Citys, waren Häfen magische Orte, als die sie die Literatur bewahrt. Häfen sind nicht mehr die »Welt in unseren Städten« (Stefan Zweig), sondern eine Welt in unseren Köpfen. Eine noch reizvollere Bühne für die Menschliche Komödie.

AGAMEMNON

PIRÄUS

Griechenland
Nikos Kazantzakis

DORIS + ERNST
196

Eine Begegnung im Morgengrauen

Mark Twain kam mit der *Quaker City*, dem ersten Kreuzfahrtschiff überhaupt, nach Piräus. Augen für den Hafen hatte er aber nicht. Vom Hafenmeister unter Quarantäne gestellt, lobt er lediglich die damals noch klare Luft, durch die er mit seinem Fernglas einen guten Blick auf die Athener Tempelanlagen genießt. Im Zuge einer Nacht-und-Nebel-Aktion schleicht er sich schließlich von Bord, um die Akropolis aus der Nähe zu betrachten. Mit Erfolg. Aber Piräus? Kein Interesse.

Ganz anders der Erzähler in Nikos Kazantzakis' »Alexis Sorbas«, der von gleich zwei entscheidenden Wendungen berichtet, die sein Leben zwischen den beiden Weltkriegen im Hafen von Piräus nimmt.

Ich begegnete ihm zuerst im Piräus. Ich war zum Hafen hinabgegangen, um den Dampfer nach Kreta zu nehmen. Der Morgen dämmerte. Ein heftiger Schirokko wehte, und die Salzwasserspritzer flogen bis zum kleinen Kaffeehaus.

Die Glastüren waren geschlossen. Der Raum roch nach Menschen und Salbeitee. Draußen war es kalt, und die Scheiben waren vom Atem der Gäste beschlagen. Fünf, sechs Seeleute, die sich in ihre kaffeebraunen Blusen aus Ziegenhaar

Nikos Kazantzakis (1883–1957). Der aus Kreta stammende Schriftsteller wußte als Pendler zwischen griechischem Festland und den Inseln der Ägäis auch das Warten in den Häfen zu schätzen.

verkrochen, tranken Kaffee oder Salbeitee und blickten durch die trüben Scheiben auf das Meer. [...]

Ich saß in einer Ecke und bestellte, weil ich fröstelte, noch einen Salbeitee. Mich schläferte. Doch wehrte ich mich gegen den Schlaf, die Erschöpfung und die Trostlosigkeit des frühen Morgens. Ich blickte durch die trüben Scheiben auf den Hafen. Er war soeben erwacht und heulte mit allen Schiffssirenen und dem Geschrei der Hafenarbeiter und Bootsleute auf. Je angestrengter ich hinaussah, um so dichter wurde das Netz aus Meer, Regen und Fernweh, dessen Maschen mein Herz umschnürten. Ich richtete meine Augen auf den schwarzen Bug eines großen Dampfers, dessen Rumpf noch in Nacht getaucht war. Es regnete, und ich sah, wie die Regenfäden den Himmel mit dem Straßenkot verknüpften.

Ich blickte auf das dunkle Schiff, die Schatten, den Regen. Meine Vergangenheit nahm Gestalt an. Die Erinnerungen stiegen auf. Aus dem Dunst trat, ein Gewebe aus Regen und Sehnsucht, das Antlitz meines liebsten Freundes hervor. Wie lange war es her? Im letzten Jahr? In einem anderen Leben? Gestern? Wann war ich zu diesem Hafen hinabgegangen, um von ihm Abschied zu nehmen? Auch damals, erinnere ich mich, herrschten Regen und Kälte und das gleiche Frühlicht. Und wiederum zuckte mein Herz und lief über.

Der langsame Abschied von geliebten Menschen ist Gift. Besser bleibt man allein, denn Einsamkeit ist das natürliche Klima des Menschen. Doch an jenem regnerischen Morgen konnte ich mich nicht von meinem Freunde losreißen. (Später begriff ich, leider zu spät, warum.) Ich hatte ihn an Bord begleitet und saß in seiner Kabine, seine Koffer standen umher. Lange betrachtete ich ihn durchdringend, wenn er abgelenkt war. Es war, als wollte ich mir seine Gesichtszüge einzeln einprägen [...].

Ein Naturhafen auf dem Weg in die Moderne: das Hafenbecken von Piräus um 1900.

Ich zog meinen ›Reisegefährten‹, den kleinen Danteband, aus der Tasche, zündete meine Pfeife an, lehnte mich an die Wand und machte es mir bequem. Einen Augenblick wußte ich nicht so recht, aus welchem Gesang ich schöpfen sollte. Aus dem siedenden Pech der Hölle, aus der kühlenden Flamme des Fegefeuers? Oder sollte ich mich geradewegs in das höchste Stockwerk der menschlichen Hoffnung begeben? Ich hatte die Wahl. Ich hielt meinen mikroskopischen Dante in den Händen und freute mich über meine Freiheit. Die Verse, die ich wählte, sollten meinen Tageslauf bestimmen.

Ich beugte mich über diese dichteste aller Visionen, um endlich zu einem Entschluß zu kommen, aber es gelang mir nicht mehr. Unruhig reckte ich plötzlich meinen Kopf in die Höhe. Mir war, ich weiß nicht wie, als öffneten sich auf meinem Scheitel zwei Löcher. Ich wandte mich jäh und blickte hinter mich in Richtung der Glastür. Wie ein Blitzstrahl durchzuckte die Hoffnung meinen Geist: ›Ich werde meinen Freund wiedersehen.‹ Ich war bereit, das Wunder in mir zu empfangen. Aber es war ein Irrtum. Ein Unbekannter von ungefähr fünfundsechzig Jahren, hochgewachsen, hager, mit aufgesperrten Augen, hatte sein Gesicht an die Scheibe gepreßt und blickte mich an. Er hielt ein kleines plattes Bündel unter dem Arm.

Was mir besonderen Eindruck machte, waren seine Augen. Sie waren spöttisch, traurig, unruhig, ganz Feuer. So schien es mir wenigstens. Sobald sich unsere Blicke begegneten, war es, als sei er sich sicher, daß ich der war, den er suchte. Entschlossen öffnete er die Tür. Mit schnellen elastischen Schritten ging er an den Tischen vorbei und blieb vor mir stehen.

»Hast du eine Reise vor?« fragte er mich. »Wohin mit Gott?«

»Nach Kreta. Warum willst du das wissen?«

»Kannst du mich mitnehmen?«

Ich betrachtete ihn aufmerksam. Seine Wangen waren eingefallen, die Kinnbacken kräftig, die Backenknochen standen vor, sein Wuschelhaar war grau, die Augen sprühten Funken.

»Wieso? Was soll ich mit dir anfangen?«

Er hob seine Schultern.

»Wieso? Weshalb?« sagte er spöttisch. »Kann denn der Mensch nicht auch einmal etwas tun ohne ein Wieso? Einfach weil es ihm Spaß macht? Du könntest mich doch, sagen wir, als deinen Koch mitnehmen. Die Zubereitung von Suppen ist meine Spezialität.«

Ich konnte mich vor Lachen nicht halten. Sein burschikoses Benehmen und seine Worte gefielen mir. Auch gegen gute Suppen hatte ich nichts. Es wäre gar nicht so übel, dachte ich, diesen alten Galgenvogel auf meine Reise an das ferne einsame Gestade mitzunehmen. Suppen, angenehme

Unterhaltungen ... Wahrscheinlich war er in vielen Häfen vor Anker gegangen, ein zweiter ›Sindbad der Seefahrer‹. [...]

»Und was hast du da in deinem Bündel? Nahrungsmittel? Kleider? Arbeitsgeräte?«

Er hob seine Schultern und lachte.

»Du kommst mir wirklich wie die Unschuld vom Lande vor«, sagte er. »Nimm mir's nicht übel!«

Er streichelte mit seinen langen harten Fingern das Bündel.

»Nein«, fuhr er fort, »das ist ein Santuri.«

»Ein Santuri! Spielst du denn Santuri?«

»Wenn ich zuweilen aus Geldmangel vor die Hunde komme, treibe ich mich in den Kaffeehäusern umher und spiele Santuri. Dazu singe ich auch einige alte mazedonische Klephtenlieder. Und dann reiche ich das Tablett herum. Schau! Diese Mütze! Sie füllt sich sofort mit Kleingeld.«

»Wie heißt du?«

»Alexis Sorbas [...]«

Es war mir klar, daß dieser Sorbas der Mensch war, nach dem ich so lange suchte und den ich bisher nicht hatte finden können. Ein lebendiges Herz, eine warme Kehle, eine unverbrauchte große Seele, die sich noch nicht von ihrer Mutter, der Erde, getrennt hatte, wie der Säugling von der Nabelschnur.

Was hieß Kunst, Schönheitssinn, Keuschheit, Leidenschaft – dieser Arbeiter setzte mir das mit einfachen menschlichen Worten auseinander. Ich sah diese Hände, die mit der Spitzhacke und mit dem Santuri in gleicher Weise umgehen konnten – voller Knoten und Falten, verarbeitet und sehnig. Sorgfältig und zärtlich öffneten sie die Hülle, als entkleideten sie eine Frau, und zogen ein altersglattes Santuri hervor, mit vielen Saiten, Verzierungen aus Bronze

und Perlmutter und mit einer roten Seidenquaste am Griff. Die dicken Finger streichelten es langsam, leidenschaftlich, wie man eine Frau streichelt. Und dann hüllten sie es wieder ein, wie man einen lieben Körper einhüllt, damit er nicht friere.

»Hier, das ist es!« murmelte er zärtlich und legte es vorsichtig auf den Stuhl.

Die Seeleute stießen jetzt miteinander an und lachten laut. Der Alte klopfte den Kapitän Lemonis vertraulich auf den Rücken.

»Du hattest aber wirklich ein verdammtes Schwein, Kapitän Lemonis, nicht wahr? Wer weiß, wie viele Kerzen du dem heiligen Nikolaus versprochen hast!«

Der Kapitän runzelte seine stachligen Brauen.

»Jungens, ich schwöre euch beim Meere, als ich den Tod vor mir sah, dachte ich weder an die Großmutter noch an den heiligen Nikolaus. Ich blickte in die Richtung von Salamis, erinnerte mich meiner Frau und rief: ›Ach, Katerina, läge ich doch jetzt in deinem Bett!‹«

Die Seeleute lachten wieder wie närrisch. Auch der Kapitän Lemonis lachte.

»Was ist der Mensch doch für ein Raubtier!« sagte er.

»Der Erzengel mit dem Schwerte steht vor ihm, aber er denkt nur immer an das! Pfui Teufel! Wie gemein!« Er klatschte in die Hände.

»Wirt!« rief er. »Bring den Leuten was zu trinken!«

Sorbas hatte bei dem Gespräch die Ohren gespitzt.

Dann wandte er sich um, blickte auf die Seeleute und schließlich auf mich.

»Er denkt nur immer an das«, sagte er. »Was meint er damit?«

Aber plötzlich ging ihm ein Licht auf.

»Bravo!« rief er begeistert. »Diese Seeleute kennen das Geheimnis, weil sie Tag und Nacht mit dem Tode ringen.«

Er fuhr mit seiner großen Hand durch die Luft.

»Schluß damit! Das ist eine andere Geschichte«, sagte er. »Zurück zu unserem Thema! Soll ich hierbleiben? Soll ich mitkommen? Entschließe dich!«

»Sorbas«, antwortete ich, und nur mit Mühe und Not beherrschte ich mich, um nicht seine Hand zu drücken. »Sorbas, einverstanden. Du kommst mit. Ich habe Braunkohlen auf Kreta, du wirst die Arbeiter beaufsichtigen. Abends strecken wir uns dann am Strand aus – ich habe weder Frau noch Kinder, noch Hunde – und lassen uns Essen und Trinken schmecken. Und du spielst das Santuri. Wenn du Lust hast.«

»Wenn ich Lust habe! Schuften für dich, soviel wie du willst. Dein Sklave! Aber das mit dem Santuri ist was Besonderes. Dieses Instrument ist ein Raubtier, es will Freiheit. Wenn ich dazu aufgelegt bin, werde ich spielen. Sogar singen werde ich. Und tanzen werde ich den ›Seibekiko‹, den ›Chasapiko‹, den ›Pentosali‹. Aber – versteht sich – ich muß dazu aufgelegt sein. Klare Rechnung, du darfst mich nicht zwingen. Dann hast du mich verloren. In der Hinsicht – mußt du wissen – bin ich ein Mensch.«

»Ein Mensch? Was meinst du damit?«

»Na, ein *freier* Mensch.«

»Wirt!« rief ich. »Noch einen Rum!«

»Zwei Rum!« fuhr Sorbas dazwischen. »Du mußt auch einen trinken zum Anstoßen. Salbeitee und Rum passen nicht zusammen. Auch du mußt Rum trinken. Damit unsere Abmachung hält.«

Wir stießen an. Es war schon heller Tag. Die Sirene ertönte. Der Bootsführer, der meine Koffer auf das Schiff gebracht hatte, winkte mir.

»In Gottes Namen, wir müssen los!« sagte ich.

Sorbas bückte sich, nahm das Santuri unter den Arm, öffnete die Tür und trat als erster hinaus.

Lektüre im Hafencafé:
Nikos Kazantzakis,
Alexis Sorbas

ISTANBUL

Türkei
Orhan Pamuk

Nachts am Goldenen Horn

Als sich Virginia Woolf 1906 den Docks von Konstantinopel nähert, fühlt sie sich der Stadt regelrecht ausgesetzt: »Plötzlich waren wir ganz Konstantinopel gegenübergestellt«, schreibt sie. Begeistert erblickt sie früh am Morgen die Stadt, kommt zum »überfüllten Flußbecken, wo das Goldene Horn vom Bosporus abzweigt«, und kann sich später ausgerechnet an die Ankunft nicht mehr erinnern. Als hätte die Stadt ihr die Sinne geraubt. Erholt von dieser umwerfenden Ankunft, macht sie sich später ihre Gedanken über den Ort, an dem der Hafen allgegenwärtig ist. »Das Goldene Horn«, schreibt sie, »treibt einen blauen Keil zwischen zwei hohe Ufer aus Häusern; so daß, wie es jemand ausgedrückt hat, ein Schlachtschiff auf deiner Tür vor Anker liegt.«

In den sechziger Jahren des letzten Jahrhunderts heißt Konstantinopel Istanbul und hat sich auf beiden Seiten des Bosporus ausgebreitet. Hafen und Meer liegen noch immer mitten in der Stadt. Orhan Pamuk erinnert sich, was es für ihn als Jungen bedeutet hat, plötzlich einem Schlachtschiff vor der eigenen Tür zu begegnen.

Öffentlicher Nahverkehr zwischen den Kontinenten: eine der berühmten Bosporus-Fähren kurz vor dem Anlegen am europäischen Ufer.

Dieses Schiffezählen betreibe ich seit jeher. Ob rumänische Öltanker, sowjetische Kreuzer, Fischkutter aus Trabzon, bulgarische Passagierschiffe, Schwarzmeerschiffe der Türkischen Schiffahrtsgesellschaft, sowjetische Beobachtungsschiffe, elegante italienische Ozeandampfer, Kohlenfrachter, Küstenfahrzeuge aus Varna, verrottende Frachtschiffe, verrottende, flaggenlose dunkle Schiffe: ich zähle sie alle. Was ich hingegen nicht zähle, sind die Motorboote, mit denen Beamte und Hausfrauen mit Einkaufsnetzen sich von einem Ende des Bosporus zum anderen bringen lassen, und die Stadtdampfer, auf denen in sich versunkene Fahrgäste rauchen und Tee trinken, denn die kenne ich mittlerweile so gut wie seinerzeit mein Vater, und so wie das Mobiliar in unserer Wohnung gehören sie unzertrennlich zu meiner Welt. [...]

Vielleicht wird mein Hang zu der Zählerei etwas nachfühlbarer, wenn ich erzähle, wie ich damit begann. Meine Eltern, mein Bruder und ich lebten damals, Anfang der sechziger Jahre, in einem Mietshaus in Cihangir, das mein Großvater hatte errichten lassen, in einer kleinen Wohnung mit Blick auf den Bosporus. Ich war in der letzten Klasse der Grundschule, also elf Jahre alt. Einmal im Monat stellte ich abends meinen Wecker, auf dem das Bild einer großen Glocke prangte, so, daß er ein paar Stunden vor Sonnenaufgang läutete. So erwachte ich gegen Ende der Nacht in einer dunklen Stille, und da ich den Ofen, der vor dem Schlafengehen immer ausgemacht wurde, nicht allein anzünden konnte, ging ich, um nicht zu frieren, in das leere Zimmer, in dem manchmal der Hausangestellte schlief, setzte mich auf das Bett, schlug mein Türkischbuch auf und wiederholte das Gedicht, das ich bis Schulanfang auswendig können mußte.

»O Flagge, ruhmreiche Flagge,
Flattere du im Wind!«

Wie jeder weiß, der schon mal einen Text, ein Gebet, ein Gedicht auswendig gelernt hat, gibt man dabei nicht besonders acht auf das, was man gerade vor Augen hat. Die »Augen unseres Verstandes«, wenn dieser Ausdruck einmal erlaubt sei, sind ganz mit den Bildern beschäftigt, die uns das Auswendiglernen erleichtern sollen. Unsere »normalen Augen« wandern indessen nach eigenem Gutdünken umher. So saß ich an jenen Wintertagen zitternd und memorierend da und sah dabei auf das Dunkel des kaum erkennbaren Bosporus hinaus.

Zwischen den vier- bis fünfstöckigen Mietshäusern, den Dächern und Schornsteinen der verfallenden Holzhäuser, die in den darauffolgenden zehn Jahren samt und sonders niederbrennen sollten, und den Minaretten der Cihangir-Moschee sah man den Bosporus, doch da um diese Zeit die Stadtdampfer noch nicht verkehrten, lag er in fast völliger

Orhan Pamuk (geb. 1952) als Schüler am Ufer des Bosporus.

Dunkelheit. Nur die Lichter der alten Hebekräne in Haydarpaşa, auf der asiatischen Seite, die Scheinwerfer vereinzelter Frachtschiffe, diffuser Mondenschein oder die Lampe eines dahintuckernden Motorbootes spendeten manchmal genug Licht, damit ich die mit Moos überwachsenen, muschelbedeckten Pontons und den gespenstisch anmutenden weißen Leanderturm sehen konnte. Meist aber war das Meer in geheimnisvolle Finsternis getaucht. Selbst wenn es, noch vor Sonnenaufgang, bei den Häusern und den zypressenbestandenen Friedhöfen auf den Hügeln der asiatischen Seite schon langsam hell wurde, war der Bosporus noch so dunkel, daß ich meinte, seine Wasser würden ewig so bleiben.

Während also in dunkler Nacht mein Kopf vollauf mit dem geheimnisvollen Mechanismus des Gedächtnisses beschäftigt war, blieb mein Auge manchmal an einer seltsamen Silhouette haften, die schwerfällig durch den Bosporus pflügte. Und obwohl ich dem Gegenstand keine ernsthafte Beachtung schenken konnte, schien mein Auge ihn gleichsam unwillkürlich zu kontrollieren und ihn nur passieren zu lassen, wenn er eine wohlbekannte Form aufwies: Ja, das ist ein Frachtschiff, sagte ich mir dann, oder ein Fischerboot mit ausgeschaltetem Scheinwerfer. Ja, das ist ein Motorboot, das die ersten Fahrgäste von Asien nach Europa hinüberbefördert; ja, das ist ein altes Küstenschiff, unterwegs zu einem fernen sowjetischen Hafen …

Eines Morgens nun, als ich wieder, unter die Bettdecke verkrochen, ein Gedicht auswendig lernte, blieben meine Augen an etwas ganz Außergewöhnlichem hängen. Ich weiß noch gut, wie ich das Buch in meiner Hand vergaß und erstarrte. Was ich aus dem Nachtdunkel auftauchen und fürchterlich anwachsen sah, war ein alptraumhaft auf mich zukommender Riese, ein großes unförmiges Monster: ein sowjetisches Kriegsschiff! Eine wie im Märchen aus finsteren Nebelschwaden auftauchende gigantische schwim-

mende Festung! Auch wenn das Schiff mit gedrosselten Motoren sehr langsam fuhr, ging doch so viel Energie von ihm aus, daß die Fenster- und Türrahmen und die Holzböden zu knarzen begannen und neben dem Ofen die schief hängende Feuerzange und in der dunklen Küche nacheinander alle Töpfe und Pfannen klirrten und in den Schlafzimmern, in denen meine Eltern und mein Bruder wohlig warm schliefen, die Fenster zitterten und in der Pflasterstraße, die zum Bosporus hinunterführte, die Mülltonnen vibrierten, so als ob in diesen frühen Morgenstunden das düster daliegende Viertel von einem leichten Erdbeben heimgesucht würde. Es stimmte also, was man sich im Istanbul des Kalten Krieges gerne zuraunte: Nach Mitternacht zogen durch den Bosporus lautlos russische Kriegsschiffe.

Das Goldene Horn, eine Bucht des Bosporus, bot über Jahrhunderte mit einer Kette verschlossen Schutz vor Seeangriffen.

Da packte mich plötzlich das Verantwortungsbewußtsein. Die ganze Stadt schlief, und ich war der einzige, der das riesige Schiff sah, das zu wer weiß welchen Untaten aufbrach. Ich mußte Istanbul, ach was, die ganze Welt auf-

Das Goldene Horn, der Bosporus und im Hintergrund zwischen Hügeln das Marmarameer. ▶

wecken und warnen. Das war genau so eine Situation, wie ich sie aus meinen Heftchen kannte, in der ein unerschrockener Junge eine schlafende Stadt vor einem Unglück bewahrte, vor einer Überschwemmung, einem Brand oder einem feindlichen Heer. Andererseits war mir in dem Bett gerade erst warm geworden, so daß ich eigentlich keine Lust hatte, aufzustehen.

So verfiel ich in meiner Aufregung auf eine andere Lösung, die mir schließlich zur Gewohnheit wurde: Mit meinem noch ganz aufs Auswendiglernen eingestellten Verstand machte ich mich daran, das langsam vorbeiziehende sowjetische Schiff zu zählen. Was ich damit meine? So wie die amerikanischen Spione, die angeblich von einem Hügel aus alle kommunistischen Schiffe fotografierten (eine weitere Istanbuler Legende dies, aber vermutlich sogar eine wahre), registrierte ich alle Einzelheiten des Schiffes, aber eben nur im Kopf. Ich brachte dieses Schiff mit anderen Schiffen in Zusammenhang, mit der Strömung des Bosporus, ja mit dem Lauf der Welt: Indem ich es mitzählte, machte ich das riesige Gefährt zu etwas Gewöhnlichem. Ich wußte, daß nur ungezählte, unregistrierte, nicht genauestens identifizierte Dinge Anlaß zu furchtbaren Katastrophen geben konnten. Indem ich nicht nur dieses, sondern von nun an sämtliche den Bosporus befahrenden »nennenswerten« Schiffe eifrigst zählte, bemühte ich mich, die Ordnung der Welt und mein eigenes Glück unter Kontrolle zu bringen. Wer immer uns schon in der Schule beigebracht hatte, der Bosporus sei der Schlüssel zur Eroberung der Welt und das Herzstück der internationalen Geopolitik und werde daher von allen Völkern und Heeren und insbesondere von den Russen so ganz besonders begehrt, der hatte also recht gehabt.

Lektüre im Hafencafé: Orhan Pamuk, *Istanbul. Erinnerungen an eine Stadt*

TRIEST

Italien
Italo Svevo

Fast eine Hafenromanze

Intellektuelle aus ganz Europa tanzen Walzer, schlürfen Kaffee, genießen zu Beginn des 20. Jahrhunderts die Freiheit der internationalen Stadt Triest. Auch James Joyce verschlägt es 1904 hierher, und der Dichter bleibt die nächsten sechzehn Jahre. Noch am Tag seiner Ankunft gerät er auf Abwege im Hafenviertel: Auf der Suche nach einem günstigen Zimmer lenkt er seine Schritte in Richtung der zum Meer hin offenen *Piazza Unità d'Italia*. Doch ist die Wohnungssuche schnell vergessen, als er drei mit der Obrigkeit streitenden englischen Matrosen zu Hilfe eilt und mit ihnen verhaftet wird. Wieder auf freiem Fuße, bestreitet er seinen Lebensunterhalt fern des Hafens unter anderem mit Englischunterricht. Einer seiner Schüler, Italo Svevo, schickt seinen berühmtesten Helden, Zeno Cosini, auf den Spuren des Englischlehrers in den Hafen der Stadt. Und auch der erlebt, daß ein Gang auf die Kais nie ganz ungefährlich ist.

Auf dem Molo Sartorio wurde der Lichtschein, der über der Stadt flimmerte, durch ein uraltes Haus verdeckt, dessen Unterbau aus den am weitesten vorgeschobenen Steinen des Molo bestand. Die Finsternis war vollkommen, das dunkle und ruhige Meer erschien mir höher als gewöhnlich, auf träge Weise aufgeschwollen.

Ich hatte nicht Zeit, den Himmel oder das Meer länger zu betrachten. In einer Entfernung von wenigen Schritten

Erst Hector Aron Schmitz, dann Ettore Schmitz, schließlich Italo Svevo: Im Namen des italienisch schreibenden Romanciers (1861–1928) spiegelt sich die Geschichte seiner Heimat Triest.

stand eine Frau, die meine Aufmerksamkeit dadurch erregte, daß die Spitze ihres Lackschuhs einen Augenblick lang in der Finsternis aufglänzte. Mitten in dieser Finsternis und in der Enge des Raumes hatte ich die Empfindung, daß diese hochgewachsene und wahrscheinlich sehr elegante Dame sich allein mit mir in einem geschlossenen Raum befinde. Angenehme Abenteuer tauchen meistens dann auf, wenn man sie am wenigsten erwartet. Als ich bemerkte, daß diese Frau plötzlich und schnurgerade auf mich zukam, überfiel mich ein freudiger Schrecken, der aber sofort verschwand, als ich die rauhe Stimme Carmens erkannte. Sie heuchelte große Freude über meine Beteiligung an dieser nächtlichen Ausfahrt. Aber in der Finsternis und mit dieser Stimme kann man sich nur schwer verstellen. Ich sagte brüsk:

»Guido hat mich eingeladen. Wenn Sie das stört, finde ich auch anderwärts Beschäftigung und lasse Sie gerne allein!«

Sie protestierte und sagte, sie sei im Gegenteil geradezu glücklich darüber, mich heute zum drittenmal zu sehen. Sie finde es lustig, daß das kleine Boot an diesem Abend unser ganzes Büro tragen würde, denn auch Luciano sei da. Wehe unseren Geschäften, wenn das Boot unterging! Sie erwähnte die Anwesenheit Lucianos sicher nur, um mir zu beweisen, wie unschuldig ihre Zusammenkunft mit Guido sei. Munter plauderte sie weiter und erzählte, sie gehe zum erstenmal in ihrem Leben fischen. Später stellte sich heraus, daß es schon der zweite Fischzug war, den sie mit Guido unternahm. Sie sagte nämlich unvorsichtigerweise, wie angenehm sie es finde, auf der »Grätung« des Bootes zu sitzen. Ich fragte verwundert, woher sie diesen Ausdruck kenne, und sie gestand, ihn von Guido gehört zu haben, als sie zum erstenmal mit ihm auf Fischfang fuhr.

Dann wollte sie die vollkommene Unschuld jener ersten Ausfahrt beteuern: »Es war damals am Morgen. Wir wollten nicht Doraden, sondern Makrelen fangen.«

Vom Hafen ins Herz der Stadt: der Canale Grande mit der Kirche San Antonio Nuovo um 1900.

Schade, daß wir nicht noch weiter plaudern konnten. Ich hätte vielleicht noch einiges, das mich interessierte, von ihr erfahren. Da tauchte in der Dunkelheit der Sacchetta plötzlich Guidos Barke auf. Mit ziemlicher Eile kam sie daher. Ich fragte mich, ob ich mich nicht entfernen sollte, da Carmen doch die Absicht hatte, Guido zu begleiten. Außerdem hatte ich die Einladung am Morgen ziemlich deutlich abgelehnt, und Guido rechnete vielleicht nicht damit, in so großer Gesellschaft auszufahren. Inzwischen legte das Boot an. Mit jugendlichem Sprung, der auch in der Finsternis nichts von seiner Sicherheit einbüßte, stieg Carmen ein. Sie bedurfte nicht des Armes, den Luciano ihr anbot. Ich zauderte, aber Guido schrie:

»Wir dürfen keine Zeit verlieren.«

Mit einem Sprung war ich in der Barke. Diese Bewegung erfolgte beinahe unbewußt; Guidos Geschrei hatte sie mechanisch ausgelöst. Sehnsüchtig blickte ich zurück nach dem Ufer, aber es war bereits zu spät, das Boot zu verlassen. Ich ließ den Dingen ihren Lauf und setzte mich auf den Bug. Als sich mein Auge an die Dunkelheit gewöhnte, konnte ich erkennen, daß Guido mir gegenüber am Heck des Bootes saß, während Carmen ihm zu Füßen auf der Grätung kauerte. Luciano, der die Ruder betätigte, trennte mich von den beiden. Ich fühlte mich höchst unsicher und unbehaglich in dem kleinen Boot. Aber der Anblick der Sterne beruhigte mich wieder. […]

Wir glitten am Leuchtturm vorüber und gelangten ins freie Meer. Unzählige Laternen großer und kleiner Segelschiffe funkelten in einer Entfernung von mehreren Meilen; dort wurde den Fischen noch ganz anders mitgespielt. Hinter dem Militärbad, einem mächtigen Massiv, das dunkel über dem Wasser zu schweben schien, begannen wir längs dem Ufer von Sant' Andrea auf und ab zu rudern. Diesen Platz bevorzugten viele Fischer. In aller Stille vollführten mehrere Boote neben uns dasselbe Manöver. Guido präparierte drei Angelschnüre, indem er kleine Krebse mit dem Hinterteil an den Haken befestigte. Dann reichte er jedem von uns eine Schnur. Die meine war mit Blei beschwert und sollte, nach Guidos Mitteilung, für Fische besondere Anziehungskraft haben. Trotz der Dunkelheit besah ich mir genau den kleinen Krebs samt seinem durchbohrten Hinterteil. Es schien mir plötzlich, als bewege er seinen Oberkörper oder jenen Teil, der von keiner Kruste bedeckt war. Aber diese Bewegungen drückten keinen Schmerz, sondern eher eine gewisse Nachdenklichkeit aus. […]

Im Boot waren Brötchen und Bier vorbereitet. Guido würzte auch das Essen mit seinem unerschöpflichen Geplauder. Eben sprach er von den großen Schätzen, die im Meer verborgen waren. Es handelte sich aber dabei weder um den Reichtum an Fischen noch, wie Luciano vermutete, um Wertobjekte, die die Menschen versenkt hatten. Nein. Guido wußte, daß im Meerwasser Gold aufgelöst sei. Da erinnerte er sich rechtzeitig, daß ich Chemie studiert hatte, und sagte:

»Du müßtest eigentlich auch über dieses Gold Bescheid wissen.«

Ich erinnerte mich nur mehr dunkel daran, jedenfalls bejahte ich und wagte sogar eine Behauptung, von deren Richtigkeit ich durchaus nicht überzeugt war:

»Das ist das teuerste Gold der Welt. Für einen Napoléon d'or aus diesem Meeresgold müßte man fünf gewöhnliche bezahlen.«

Luciano, der sich voll Spannung nach mir umgedreht hatte, um etwas Näheres über die Reichtümer zu hören, auf denen wir herumschwammen, drehte mir enttäuscht den Rücken. Dieses teure Gold interessierte ihn nicht. Guido hingegen bestätigte alles, was ich sagte, und wollte sich ganz genau erinnern, daß der Preis des Goldes, das man aus Meerwasser destillieren kann, genau fünfmal so groß sei wie der gewöhnliche. Er rühmte meine Kenntnisse, die lediglich meiner Phantasie entsprungen waren. Ich ersah daraus deutlich, daß er mich für ungefährlich hielt und nicht einen Schatten von Eifersucht empfand. Die Frau hörte mir aufmerksam zu, während sie zu Guidos Füßen kauerte. Einen Augenblick lang fühlte ich mich versucht, Guido zu blamieren und zu erklären, daß ich mich jetzt besser an die ganze Sache erinnere: es genügten drei Napoléon d'or, um einen aus dem Wasser zu destillieren; oder waren gar zehn erforderlich?

Aber in diesem Augenblick lenkte die Angelschnur, die sich plötzlich straffte, meine Aufmerksamkeit ab. Ich riß an der Schnur herum und rief die andern zu Hilfe. Mit einem Satz war Guido neben mir und packte die Schnur, die ich ihm willig überließ. Er zog sie ruckweise herauf, zuerst ganz langsam und in kleinen Abständen, dann, als der Widerstand sich verringerte, mit aller Kraft. Im dunklen Wasser erglänzte silbrig der Leib des großen Fisches. Er sträubte

Unterwegs zur nächtlichen Seepartie: Fischer auf den Kais von Triest.

sich kaum, er eilte geradezu in die Richtung, aus der sein Schmerz kam. Jetzt verstand ich auch den Schmerz der stummen Kreatur: Diese Hast, in den Tod zu eilen, kam einem Schrei gleich. Bald lag das Tier, nach Luft schnappend, zu meinen Füßen. Luciano hatte es mit seinem Netz aus dem Wasser gehoben, rücksichtslos mit der Linken gepackt und ihm mit der Rechten den Angelhaken aus dem lebendigen Fleisch gerissen.

Er klopfte auf den schweren, schuppenbedeckten Körper: »Eine Dorade, die mindestens drei Kilo wiegt!«

Achtungsvoll nannte er den Preis, den man dafür auf dem Fischmarkt verlangen würde. [...]

Der arme Fisch, den ich gefangen hatte, wälzte sich noch immer im Boot, da schrie Carmen plötzlich auf. Guido fragte unbewegt, aber mit einem verhaltenen Lachen:

»Noch eine Dorade?«

Carmen erwiderte verwirrt:

»Ich glaube. Aber sie hat die Angel wieder losgelassen.«

Ich bin davon überzeugt, daß sich Guido nicht mehr hat beherrschen können und Carmen in der Dunkelheit gekniffen hat.

Plötzlich fühlte ich mich unbehaglich. Das Angeln interessierte mich nicht mehr. Ich bewegte meine Schnur hin und her, so daß die armen Fische nicht danach schnappen konnten. Auf diese Weise rettete ich sie vor dem Tod. Dann erklärte ich, ich sei schläfrig, und bat Guido, mich in Sant' Andrea abzusetzen. Er konnte nun vermuten, daß ich die Ursache von Carmens plötzlichem Schrei erraten hätte und deshalb gehen wolle. Ich suchte diesen Verdacht zu zerstreuen und schilderte ihm die Szene, die die kleine Antonia vor meinem Weggehen aufführte. Ich wolle mich vergewissern, daß ihr nichts zugestoßen sei.

Gefällig wie immer, ruderte Guido die Barke ans Land. Er wollte mir die Dorade mitgeben, die doch als meine Beute anzusehen war; aber ich lehnte dankend ab und bat, sie wieder ins Meer zu werfen und ihr die Freiheit zurückzugeben. Luciano protestierte lebhaft und aus innerster Überzeugung. Guido meinte gutmütig:

»Ich würde es gerne tun, wenn ich ihr damit Leben und Gesundheit wiedergeben könnte. Aber in diesem Zustand ist das arme Tier wirklich nur noch gut für die Bratpfanne.«

Ich folgte dem davongleitenden Boot mit den Blicken und vergewisserte mich noch, daß die andern mit dem Platz, den ich freigelassen hatte, nichts anzufangen wußten. Sie blieben so eng beisammen wie zuvor. Der Bug hob sich aus dem Wasser, da das Heck überlastet war. Dann verschwand das Boot.

Lektüre im Hafencafé:
Italo Svevo, *Zeno Cosini*

GENUA

Italien
Max Frisch

Verloren im Hafenviertel

»Ihre Schönheit zerreißt einem die Seele«, frohlockt der junge Gustave Flaubert, und auch für Guy de Maupassant, der mit dem eigenen Boot die Riviera entlangfährt, um sich von den Strapazen des Pariser Lebens zu erholen, gibt es »nichts Schöneres auf der Welt als die Hafeneinfahrt von Genua«. Stendhal und Alexandre Dumas, Lord Byron, Charles Dickens und Mark Twain – kaum einer der Italienreisenden des 19. Jahrhunderts ist enttäuscht. Mit dem Niedergang der staatlichen Industrien nach dem Zweiten Weltkrieg wird der Hafen von Genua jedoch zu einem unsicheren Pflaster. Der Erzähler aus Max Frischs Roman *Stiller* berichtet von den Erlebnissen seines Staatsanwaltes, der in den 1950er Jahren gar nicht angetan ist. Wenige Stunden Zugfahrt über die Alpen trennen das beschauliche Binnenlandidyll der Schweiz von der Hafenstadt, das geregelte Familienleben des Mannes von seinem ziellosen Umherziehen, nachdem er erfahren hat, daß seine Frau ihn verlassen will.

Vor allem dieser Satz, scheint es, ergrimmte den Gatten dermaßen, daß er im hellichten Genua laut vor sich herredete und nicht mehr wußte, wo er eigentlich ging. Es spielte ja

Gerne am Wasser, gerne mit Pfeife: Max Frisch (1911–1991) unterwegs am Meer.

auch keine Rolle. Irgendwo zwischen Lagerschuppen und Eisenbahnen und Teerfässern. Ja, es gab sogar Augenblicke, wo er sie mit lauter Stimme beschimpfte, seine Gattin jenseits der Alpen, mit Wörtern, die ihm um so wohler taten, je ordinärer sie ausfielen. Es waren Ausdrücke (so sagt er) von einer so unverblümten und plumpen Zotigkeit, wie er sie noch nie aus seinem Munde vernommen hatte. Als er plötzlich angesprochen wurde, war er sehr betreten. Er hatte nicht die mindeste Lust, die Reize von Genua kennenzulernen. Noch nie in seinem Leben war er sich so wehrlos vorgekommen. Als sähe man ihm alles an, was er durcheinanderdachte, war er im Augenblick außerstande, einen Barkenführer abzuweisen, und überließ sich endlich einer kleinen Hafenrundfahrt. Das Meer zeigte sich als graues Blei mit Flecken von schillerndem Öl. Rolf, gespannt wie der Denker von Rodin, saß auf einer Bank mit zerschlissenem Kissen, den italienischen Ruderer hinter sich, selbstverständlich ohne ein einziges Ohr für die Erklärungen, die im Preis inbegriffen waren. Aus einer Schiffswand sprudelte heißes Küchenwasser. Und einmal ruderte man über einen versenkten Frachter; seine veralgten Eisenplatten drohten aus der Schmutztiefe herauf. In der Ferne hallten die Niethämmer. Für Rolf, versteht sich, blieb alles wie ein Film, farbig und sogar mit Geruch, aber Film; Vorgang ohne Gegenwart. Ab und zu hörte man ein schütteres, vom Wind verblasenes und in Echos zersplittertes Tuten, wußte nicht woher und wozu, denn keiner der großen Dampfer entschloß sich wirklich zur Abfahrt. Es war heiß. Schwaden bläulichen Gestankes hingen über dem Hafenwasser. Nur ein schmieriges Fischerboot knatterte vorbei, und es schaukelten die Bojen, deren verschimmelte Ketten in trüber Tiefe verdämmerten, grauslich. So ruderte man an Molen und Docks vorbei, Holz oder Stein, alles ist in Schwärze verrußt und verölt. Wenigstens verging Zeit. Da und dort blinkte der Bauch eines toten

Fisches, Wäsche der Matrosen, eine singende Stimme aus der Kajüte, alles war da, was eine Hafenrundfahrt nur bieten kann, sogar ein graues Kriegsschiff mit vermäntelten Geschützen, Kohlenberge mit weißen Möwen darauf, in der Ferne die aufgetürmte Stadt am Hang, Genua, fast schon wieder unwirklich ... Ferner hatte Sibylle gesagt: »Ich möchte jetzt nicht, daß du weitere Fragen stellst. Es ist ein Mann, ich sage es ja, und er ist sehr anders als du. Mehr kann ich jetzt wirklich nicht sagen. Vielleicht liebe ich ihn wirklich, ich weiß es noch nicht. Ich bitte dich jetzt nur, daß du mich in Ruhe läßt.«

... Rolf beschloß seine Hafenrundfahrt mit der Miene eines Menschen, dem ein Brett auf den Kopf gefallen ist, und zahlte, was der Gauner von ihm verlangte. Wein war jetzt sein einziger Wunsch, viel Wein. Die Geschichte mit dem Kleiderstoff – mein Staatsanwalt erzählt sie natürlich viel anschaulicher als ich! – begann noch vor dem Ristorante, und zwar damit, daß ein amerikanischer Matrose sich nach einer Gasse erkundigte. Woher sollte Rolf das wissen! Der Matrose lief aber neben ihm her. Sein Amerikanisch klang echt, also für Rolf ziemlich unverständlich. Rolf begriff immerhin: Um zwei Uhr, also ziemlich bald, mußte der Matrose ausfahren, ein Schiff stand tatsächlich unter Dampf, und das Paket war ein Geschenk für einen italienischen Kameraden aus dem Krieg. Rolf hatte seine eigene Not, Herrgott noch mal, jedoch der verzagte Matrose ließ nicht locker mit seiner reichlich verworrenen Geschichte um das verschnürte Paket, das nun, da der italienische Kamerad aus dem Krieg nicht zu finden war, noch vor Abfahrt seines unbestreitbar unter Dampf stehenden Schiffes verkauft werden mußte; denn es hatte doch keinen Sinn, diesen herrlichen Kleiderstoff wieder mit nach Amerika zu nehmen. Rolf hatte kein Interesse. Um den Kerl loszuwerden und zu seinem Wein zu kommen, winkte er einem Passanten, einem

PRINCIPESSA MAFALDA

jüngeren und in keiner Weise auffälligen Genueser, der vielleicht die gefragte Gasse kannte oder Kleiderstoff brauchen konnte. Und damit basta! Nur: der Genueser, sichtlich ungehalten über die Verzögerung seines zielstrebigen Ganges, verstand nicht Amerikanisch, der Matrose nicht Italienisch. Rolf mußte dolmetschen. Es paßte ihm gar nicht; dazu war er ja nicht die ganze Nacht hindurch nach Genua gefahren, und der Verdacht, in eine abgekartete Gaunerei verwickelt zu werden, kam ihm natürlich auch. Aber worin sollte sie bestehen? Auch genügte sein Italienisch so wenig wie sein Amerikanisch, und daß die beiden, nachdem der junge Genueser so wenig nach Kleiderstoff verlangte wie Rolf und überhaupt nur widerwillig bei der Sache stehenblieb, jemals zu einem Handel kämen, war nicht abzusehen. Rolf hatte sich zweimal schon entfernt, wurde aber von dem aufgeregten Matrosen, der ohne Dolmetscher einfach verloren war, wiedergeholt; nach viel Gefeilsch (Rolf hatte in dieser Zeit wenigstens seine Gattin vergessen) führte sie der Genueser mit einem Augenzwinkern, womit man seine Bereitschaft zu ungesetzlichem Handeln bekundet, durch immer engere Gassen mit Treppen und Kindern, durch krumme Schluchten voll bunter Wäsche und Geschrei, bis er im Dämmer eines Hausdurchganges bereit war, den käuflichen Stoff zu besichtigen. Rolf rauchte eine Zigarette, für eine Weile als Dolmetscher überflüssig; alles vollzog sich ganz stumm. Der Genueser, schon durch seine schnöde Überlegenheit unsympathischer als der Matrose, der immer wieder auf seine Uhr schauen mußte, zog zwei oder drei Fäden aus dem Paket, leckte sie an und hielt sie gegen das schwache Licht schattiger Hinterhöfe. Wolle, sagte er, wäre es also nicht! Jedenfalls nicht reine Wolle, fünfzig zu fünfzig, mag sein. Rolf dolmetschte wie immer mit einiger Schonung. Also dreißigtausend Lire, letztes Wort! Wie es endlich ans Zahlen ging, hatte der Genueser leider nur zehntausend Lire, das übrige natürlich zu Hause, der Matrose hingegen keine Zeit mehr zu warten. Was nun? Vielleicht konnte der Dolmetscher aushelfen. Das war natürlich der Punkt, Rolf wußte es bei aller Zerstreutheit und griff in seine nicht eben sonderlich gefüllte Brieftasche, allem Mißtrauen zum Trotz, nicht aus Erbarmen mit dem angeblichen Matrosen, sondern (so sagt er) aus einer bloßen Angst, spießig zu werden. Der Matrose, halb dankbar und halb wütend, wie weit die Erpresser es gebracht hatten, büschelte die dreißigtausend Lire zusammen, davon zwanzigtausend von Rolf, grüßte kurz und lief. Es war halb zwei! Gegenüber Rolf entpuppte sich übrigens der Genueser, wie widerlich er auch gegenüber dem Matrosen gewesen war, als Gentleman; er wollte das Paket nicht an sich nehmen, sondern Rolf sollte es tragen, bis er die Lire hätte. Als Pfand, er spürte schon das Mißtrauen. Und wieder ging es durch Gassen der Armut, Rolf mit dem verschnürten Paket unter dem Arm, bis der Genueser, auf dem ganzen Weg wie aus Gekränktheit schweigsam, endlich sagte: »Mia casa, attenda qui, vengo subito!« Rolf sah ein Portal von verlotterter Renaissance, hatte keine Ahnung, wo er sich nun befand; irgendwo in Genua. Im nahen Hafen tutete ein Schiff mit klanglosem Dröhnen. Vielleicht war es doch kein Schwindel. Die mittägliche Sommerhitze selbst in dieser Schattengasse mit ihren schimmelfeuchten Mauern, die Stille, denn es war fern vom Verkehr, seine Schläfrigkeit nach der Eisenbahnnacht, aber nicht nur das, vor vierundzwanzig Stunden war Rolf ja noch in London gewesen, Teilnehmer an einem internationalen Juristenkongreß, und dann (gestern) der etwas böige Flug, das Abendessen mit der seltsam lebensfrohen Gattin, dann ihre verschlossene Zimmertüre, dann die Eröffnung und so weiter, Morgengrauen in Mailand mit krähenden Hähnen, all dies in vierundzwanzig Stunden, es war etwas viel, und jetzt in dieser Gasse der schimmligen Armut, wo die Ausgüsse über die

Mauern rinnen, jetzt wieder die Erkenntnis, daß eine Tatsache, indem man sie eine Zeitlang vergißt, eine Tatsache zu sein nicht aufhört, nein, immer und immer und immer wieder ist es einfach da, ihr Gesicht voll Glück mit einem andern Mann, es ist kein böser Traum, sondern wirklicher als dieses Genua mit seinen Gassen und Kindern und mit dieser greifbaren Mauer, dazu diese Hitze, daß man die Krawatte herunterreißt, dazu das verschnürte Paket, das Rolf einfach zu tragen hatte, all dies ließ ihm keinen anderen Ausweg als dumpfen Schlaf auf die Gefahr hin, daß der Genueser ihn prellte ... Es war bald vier Uhr, als Rolf, mein Staatsanwalt, auf einer Mauer hockend mit dem verfluchten Paket auf den Knien, das ihm als Kissen gedient hatte, wieder erwachte. Von einem Genueser, der ihn mit Lire geweckt hätte, natürlich keine Spur.

Lektüre im Hafencafé:
Max Frisch, *Stiller*

BLACK CAT
BAR
TABACCHI

MONT VENTOUX
BRASSERIE

MARSEILLE

Frankreich
Joseph Roth
Anna Seghers

DIT CO F DURCY 20

Kein Abschied von der Stadt des Willkommens

Blaise Cendrars wußte genau, was er an seinem Heimathafen schätzte: »Marseille ist die Stadt der Ankunft und des Willkommens.« Und auch fremden Seemännern und Schriftstellern war Marseille immer ein Hafen, in dem sie sich gut aufgehoben fühlten. Der griechische Schriftsteller Nikos Kavvadias hatte »jedes Mal, wenn er in Marseille an Land ging, das Gefühl, nach Hause zu kommen«.

Als Joseph Roth Mitte der 1920er Jahre als Korrespondent der *Frankfurter Zeitung* nach Marseille kam, war auch er begeistert von der Stadt, in der die ganze Welt ein Zuhause findet.

◄ Der Vieux Port mit dem Café Mont Ventoux, in Seghers' Roman *Transit* das tugendhaftere »Café Mont Vertoux«.

Muscheln liegen neben den Auslagen der Brillantenhändler. Der Flickschuster verkauft korsische Messer. Der Ansichtskartenhändler bietet Schlangengift feil. Den ganzen Tag spielen die Kinos im alten Hafen. Jede Stunde läuft ein Schiff ein. Jede zehnte Welle spült Fremde an Land wie Fische. Der algerische Jude macht im Kaffeehaus Geschäfte mit dem Chinesen. Der »Dollarkönig« amüsiert sich in der Spelunke. Jede zweite Nacht ereignet sich ein Totschlag, ein Mord, ein Überfall, ein Familiendrama. Das Leben tanzt auf der Klinge eines Rasiermessers, das im Hafen als Waffe beliebt ist. Das Elend ist tief wie das Meer, das Laster ist frei wie die Wolke.

Joseph Roth
(1894–1939)

Das ist nicht mehr Frankreich. Das ist Europa, Asien, Afrika, Amerika. Das ist weiß, schwarz, rot und gelb. Jeder trägt seine Heimat an der Sohle und führt an seinem Fuß die Heimat nach Marseille. Alle Erden aber segnet dieselbe nahe, sehr heiße, sehr helle Sonne, und über alle Völker wölbt sich dasselbe blaue Porzellan des Himmels. Alle trug das Meer auf seinem breiten, schwankenden Rücken hierher, jeder hatte ein anderes Vaterland, jetzt haben alle ein einziges Vatermeer.

Die Geschichte läßt hier keine steinernen Zeugen stehen. Sie spült sie schnell hinweg. Nur der Atem ihrer Vergangenheit bleibt in ihrem Wehn. Vor einer Woche waren hier Phönizier, vorgestern die Römer, gestern die Germanen, heute die Franzosen. Wie alle Riesenmeilen der Erde auf einigen Quadratkilometern Platz finden, so drängen sich hier die Zeiten zusammen, als gäbe es keinen Platz in den weiten Räumen der Ewigkeit. Wer nicht an Gott glaubt, spürt hier irgendeinen gewaltigen Treiber der Jahrhunderte und ahnt einen tiefen Sinn in der Regellosigkeit der Wanderungen. In einem zweiten ebenso elementaren, ebenso unerklärlichen Wechsel von Ebbe und Flut rauschen die Völker heran und rauschen wieder zurück.

Joseph Roth kehrte noch einmal zurück nach Marseille, auf der Flucht vor den Nazis. Nach der Besetzung Nordfrankreichs durch die Deutschen folgten ihm Tausende in den letzten freien Überseehafen des Landes. Walter Benjamin übergab Hannah Ahrendt hier sein letztes Manuskript. Anna Seghers gelang es, sich von hier aus gemeinsam mit André Bréton und Claude Lévi-Strauss nach Amerika einzuschiffen. Auch den Helden aus Anna Seghers' Roman »Transit« verschlägt es nach Marseille und er findet Gefallen am Ausnahmezustand in der Stadt. Ein ums andere Mal verschiebt er seine Abreise.

Eine der berühmtesten Hafenzufahrten der Welt: die Cannebière in Marseille.

Ich komme jetzt auf das Wichtigste. Es war am 28. November. Ich habe das Datum behalten. Mein zweiter Aufenthaltsschein sollte in kurzem ablaufen. Ich grübelte, was ich machen solle. Noch einmal neu ankommen auf den Lagerentlassungsschein, den mir Heinz geschenkt hatte? Zu den Mexikanern hinaufgehen? Ich setzte mich in den Mont Vertoux. In diesem Café saß ich jetzt vier- bis fünfmal die Woche. [...]

Ich dachte an die Umstände dieser Abreise und an meinen eigenen Aufenthalt. Das Café Mont Vertoux liegt Cannebière, Ecke Quai des Belges. Was später kam, warf keinen Schatten voraus, weit eher ein klares Licht, das mich und alles an jenem Nachmittag erhellte, auch das Müßigste und Belangloseste meines ohnedies belanglosen müßigen Daseins.

Anna Seghers (1900–1983) auf einem Paßfoto um 1940.

Zwischen mir und dem Büfett gab es zwei Tische. An einem saß eine kleine Frau mit zottigem Haar, die immer da saß um dieselbe Zeit und immer den Stuhl schräg stellte und immer jedem dasselbe erzählte mit immer neuem Schreck in den Augen: wie sie ihr Kind bei der Evakuation von Paris verloren hatte. Sie hatte es auf ein Soldatenauto gesetzt, weil es müde geworden war. Da waren die deutschen Flieger gekommen, die Straße war bombadiert worden. Der Staub! Das Geheul! Und dann war das Kind nicht mehr da. Man hatte es erst Wochen später weitab in irgendeinem Gehöft gefunden, es würde nie mehr werden wie andere Kinder. An ihrem Tisch saß ein langer vertrackter Tscheche, der wollte durchaus nach Portugal, doch nur, um von dort nach England zu fahren, wo er mitkämpfen wollte, was er jedem zuflüsterte. Ich horchte sogar eine Weile hin, halb gelähmt vor Langeweile. Am anderen Tisch saß eine Gruppe von Einheimischen. Sie waren zwar nicht Marseiller, doch Festgesetzte, die hier ganz gut von der Furcht und der Abfahrtswut der Neuankömmlinge lebten. Sie erzählten sich lachend von einem Schiffchen, das zwei junge Ehepaare, die Männer waren gemeinsam aus dem Lager geflohen, für höllisch viel Geld gemietet hatten. Doch die Verkäufer hatten sie betrogen, das Schiffchen hatte ein Leck. Sie kamen bis an die spanische Küste. Da mußten sie wieder zurück. Sie fuhren noch in die Rhonemündung hinein, da wurden sie von der Küstenwache beschossen und bei der Landung gestellt. Ich hatte diese Geschichte auch schon hundertmal erzählen hören. Neu war mir nur der Schluß: Die Männer waren gestern zu zwei Jahren Bagno verurteilt worden. – Der Teil des Cafés, in dem wir saßen, stieß an die Cannebière. Ich konnte von meinem Platz aus den Alten Hafen übersehen.

Ein kleines Kanonenboot lag vor dem Quai des Belges. Die grauen Schornsteine standen hinter der Straße zwischen den dürren Masten der Fischereiboote über den Köpfen der Menschen, die den Mont Vertoux mit Rauch und Geschwätz erfüllten. Die Nachmittagssonne stand über dem Fort. Hatte der Mistral wieder begonnen? Die vorübergehenden Frauen hatten ihre Kapuzen hochgezogen. Die Gesichter der Menschen, die durch die Drehtür hereinkamen, waren gespannt von Wind und von Unrast. Kein Mensch bekümmerte sich um die Sonne über dem Meer, um die Zinnen der Kirche Saint-Victor, um die Netze, die auf der ganzen Länge des Hafendamms zum Trocknen lagen. Sie schwatzten alle unaufhörlich von ihren Transits, von ihren abgelaufenen Pässen, von Dreimeilenzone und Dollarkursen, von Visa de Sortie

Der Krieg als Urlaubsreise: Propagandaphotographie von deutschen Soldaten im Hafen von Marseille (1942).

Der Vieux Port gegen Ende des 19. Jahrhunderts. ▸

und immer wieder von Transit. Ich wollte aufstehen und fortgehen. Ich ekelte mich. – Da schlug meine Stimmung um. Wodurch? Ich weiß nie, wodurch bei mir dieser Umschlag kommt. Auf einmal fand ich all das Geschwätz nicht mehr ekelhaft, sondern großartig. Es war uraltes Hafengeschwätz, so alt wie der Alte Hafen selbst und noch älter. Wunderbarer, uralter Hafentratsch, der nie verstummt ist, solange es ein Mittelländisches Meer gegeben hat, phönizischer Tratsch und kretischer, griechischer Tratsch und römischer, niemals waren die Tratscher alle geworden, die bange waren um ihre Schiffsplätze und um ihre Gelder, auf der Flucht vor allen wirklichen und eingebildeten Schrecken der Erde. Mütter, die ihre Kinder, Kinder, die ihre Mütter verloren hatten. Reste aufgeriebener Armeen, geflohene Sklaven, aus allen Ländern verjagte Menschenhaufen, die schließlich am Meer ankamen, wo sie sich auf die Schiffe warfen, um neue Länder zu entdecken, aus denen sie wieder verjagt wurden; immer alle auf der Flucht vor dem Tod, in den Tod. Hier mußten immer Schiffe vor Anker gelegen haben, genau an dieser Stelle, weil hier Europa zu Ende war und das Meer hier einzahnte, immer hatte an dieser Stelle eine Herberge gestanden, weil hier eine Straße auf die Einzahnung mündete. Ich fühlte mich uralt, jahrtausendealt, weil ich alles schon einmal erlebt hatte, und ich fühlte mich blutjung, begierig auf alles, was jetzt noch kam, ich fühlte mich unsterblich. Doch dieses Gefühl schlug abermals um, es war zu stark für mich Schwachen. Verzweiflung überkam mich, Verzweiflung und Heimweh. Mich jammerten meine siebenundzwanzig vertanen, in fremde Länder verschütteten Jahre.

Am Nebentisch erzählte jetzt jemand von einem Dampfer namens »Alesia«, der, unterwegs nach Brasilien, von den Engländern in Dakar gestoppt worden war, weil er französische Offiziere an Bord gehabt hatte. Jetzt endeten alle Passagiere in einem afrikanischen Lager. Wie munter war der

Berichterstatter! Wahrscheinlich weil diese Leute nicht ankamen, so wenig wie er selbst. Ich hatte auch diese Geschichte bereits unzählige Male anhören müssen. Ich sehnte mich nach einem einfachen Lied, nach Vögeln und Blumen, ich sehnte mich nach der Stimme der Mutter, die mich gescholten hatte, als ich ein Knabe gewesen war. O tödliches Getratsche! Die Sonne verschwand jetzt hinter dem Fort Saint-Nicolas.

Lektüre im Hafencafé:
Joseph Roth, *Marseille*
Anna Seghers, *Transit*

101. ALGER — Le départ du Transatlantique " Eugène Pereire "

ALGIER

Algerien
Albert Camus

Erinnerungen an die Stadt des Lichts

Albert Camus (1913–1960) als Pariser Intellektueller...

Mit Algier und Marseille verbanden die Fähren Mitte des 20. Jahrhunderts zwei französische Städte. Noch 1942 residierte General de Gaulle als Führer des freien Frankreich in der alten Seeräuberstadt, und mit ihm schätzten Schriftsteller wie Antoine de Saint-Exupéry, André Gide und Emmanuel Bove das Exil in Heimatnähe. Doch Algiers französische Tage waren gezählt: In der Nacht zu Allerheiligen 1954 nahm der Aufstand der Araber gegen die französischen Herrscher seinen Anfang. Im Hafen von Algier explodierte ein Tanklager. Hunderttausende *pieds noirs*, Franzosen, die sich in Algerien angesiedelt hatten, flohen über den Hafen nach Frankreich. In den engen Gassen der berühmten Kasbah ging das französische Militär genau so brutal wie erfolglos gegen die Einheimischen vor. Der in Algerien geborene und aufgewachsene Albert Camus sah von Paris aus, wie das Land seiner Kindheit im Krieg versank. Was blieb, waren die Erinnerungen an die sorglosen Nachmittage in den Badeanstalten des Stadthafens.

In Algier sagt niemand »ein Bad nehmen«, sondern »sich ein Bad leisten«, se taper un bain. Man badet im Hafen, und man ruht sich aus auf den Bojen. Schwimmt man an einer Boje vorbei, auf der bereits ein hübsches Mädchen sitzt, so ruft man den Kameraden zu: »Eine Möve, sag' ich dir!« [...]

… und als zwanzigjähriger Lebemann mit Freundinnen in seiner Heimat.

Wer im Sommer regelmäßig im Hafen badet, kann beobachten, wie die weiße Haut eines jeden Leibes zunächst goldbraun und dann bronzebraun wird, bis sie zuletzt eine gewisse Tabakfarbe annimmt, womit der Körper an der Grenze seiner Anpassungsfähigkeit angelangt ist.

Über dem Hafen erhebt sich das weiße Würfelgewirr der Kasbah. Befindet man sich mit dem Wasserspiegel auf gleicher Ebene, so bilden die braunen Leiber gegen den grellweißen Hintergrund der Araberstadt einen kupferfarbenen Fries.

Auf einer der Bojen liegt der dreiundzwanzigjährige Albert Camus und formt in Gedanken sein Liebesgeständnis an das sorglose Leben im Hafen. Bevor er Algerien verläßt, um in Paris zum gefeierten Literaten und Philosophen zu werden, arbeitet er einen Sommer lang als Aushilfe bei einem Schiffsmakler. In seinen Erinnerungen nennt er sich Jacques und erlebt die geschäftige, für ihn nicht weniger schöne Seite des Hafens noch einmal.

Der Sommer bei dem Schiffsmakler war angenehmer, weil die Büros auf den Boulevard Front-de-mer hinausgingen, und vor allem, weil ein Teil der Arbeit im Hafen stattfand. Jacques mußte nämlich an Bord der Schiffe aller Nationalitäten gehen, die Algier anliefen und die der Makler, ein schöner, rosiger alter Mann mit Locken, bei den verschiedenen Behörden zu vertreten beauftragt war. Die Schiffspapiere wurden von Jacques ins Büro gebracht, wo man sie über-

Von Frankreich nach Frankreich:
Fähren nach Marseille verlassen den Hafen von Algier um 1950.

setzte, und nach einer Woche wurde er selbst beauftragt, die Vorratslisten und bestimmte Seefrachtbriefe zu übersetzen, wenn sie in Englisch gehalten und für die Zollbehörden oder die großen Importfirmen bestimmt waren, die die Waren in Empfang nahmen. Jacques mußte also regelmäßig in den Handelshafen von Agha, um diese Papiere abzuholen. Die Hitze wütete in den Straßen, die zum Hafen hinunterführten. Die schweren gußeisernen Rampen, die sich an ihnen entlangzogen, waren glühend heiß, und man konnte nicht die Hand darauflegen. Auf den weitläufigen Kais fegte die Sonne alles leer, außer um die Schiffe herum, die gerade mit der Längsseite zum Kai angelegt hatten; um sie herum wimmelten die Hafenarbeiter in bis zur Wade aufgekrempelten blauen Hosen, mit gebräuntem nackten Oberkörper und einem Sack über dem Kopf, der die Schultern bis zu den Hüften bedeckte und auf den sie die Säcke mit Zement und Kohle oder das scharfkantige Stückgut luden. Sie kamen und gingen über den Steg, der vom Deck zum Kai hinunterführte, oder sie eilten über die Planke, die zwischen den Kielraum und den Kai gelegt worden war, durch das große offene Tor direkt in den Bauch des Frachters. Unter dem Geruch von Sonne und Staub, der von den Kais aufstieg, oder dem der überhitzten Decks, deren Teer schmolz und wo alle Eisenbeschläge glühten, erkannte Jacques den eigentümlichen Geruch jedes Frachters wieder. Die aus Norwegen rochen nach Holz, die aus Dakar oder die Brasilianer brachten Kaffee- und Gewürzduft mit, die Deutschen rochen nach Öl, die Engländer nach Eisen. J. stieg den Landungssteg hinauf, zeigte einem Seemann, der sie nicht verstand, die Karte des Maklers. Dann wurde er durch die Laufgänge, wo selbst der Schatten heiß war, zur Kabine eines Offiziers oder manchmal des Kommandanten geführt. Im Vorbeigehen sah er sich begierig diese engen, kahlen kleinen Kabinen an, in denen sich das Wesentliche eines Männerlebens konzentrierte; da-

Lektüre im Hafencafé: Albert Camus, *Sommer in Algier* und *Der erste Mensch*

mals begann er sie den luxuriösen Zimmern vorzuziehen. Er wurde freundlich begrüßt, weil er selbst freundlich lächelte, denn er mochte diese rauhen Männergesichter, den Blick, den ein bestimmtes einsames Leben ihnen allen verlieh, und weil er es zeigte. Manchmal sprach einer von ihnen etwas Französisch und stellte ihm Fragen. Dann ging er zufrieden wieder zurück auf den lodernden Kai, zu den glühenden Rampen und zur Büroarbeit.

Die Arkaden an der Hafenpromenade von Algier mit der Kasbah im Hintergrund.

Barcelona

Spanien
Eduardo Mendoza

Mit dem Rücken zum Meer

Von Franco gedemütigt, die langen Jahre der Diktatur über vor sich hindämmernd, ist Barcelona heute wieder die blühende Stadt, die sie vor Jahrhunderten schon einmal war. Selbst Don Quijote konnte ihr nicht widerstehen. Aus der fernen Mancha kommend, scheute er keine Mühen, um mit Sancho in den Hafen der Stadt zu gelangen. Der Einsatz lohnte sich: »Don Quijote und Sancho ließen ihre Blicke nach allen Seiten schweifen, sie erblickten das Meer, das von ihnen noch nie erschaut worden, und es schien ihnen weit, unermeßlich zu sein, viel größer als die Teiche der Ruidera, die sie in der Mancha gesehen hatten.«

Onofre Bouvila, der Held in Eduardo Mendozas Barcelona-Roman »Die Stadt der Wunder«, interessiert sich weniger für die Schönheit von Hafen und Meer. Er kommt 1888, im Jahr der ersten Weltausstellung von Barcelona, aus einem kleinen katalanischen Dorf und lenkt seine Schritte auf der Suche nach Arbeit in Richtung der Schiffe.

Eduardo Mendoza (geb. 1943)

Obwohl es Ende des 19. Jahrhunderts fast schon ein Gemeinplatz war, zu sagen, Barcelona lebe »mit dem Rücken zum Meer«, widerlegte die tägliche Wirklichkeit diese Behauptung. Barcelona war immer schon eine Hafenstadt gewesen und war es auch damals noch. Es hatte vom Meer und für das

◂ Am Ende der Ramblas, die das Zentrum von Barcelona mit dem Hafen verbinden, blickt seit der Weltausstellung 1888 Kolumbus aufs offene Meer.

Meer gelebt; es versorgte sich vom Meer und übergab dem Meer die Früchte seiner Mühen; Barcelonas Straßen lenkten die Schritte der Fußgänger zum Meer, und via Meer pflegte es Umgang mit dem Rest der Welt; vom Meer kamen die Luft und das Klima, der nicht immer angenehme Geruch sowie die Feuchtigkeit und das Salz, die die Mauern zerfraßen; die Geräusche des Meers lullten die Barcelonesen in die Siesta, die Schiffssirenen markierten den Lauf der Zeit, und das klagende, mürrische Gekreisch der Möwen ließ die Anmut des Schattenmusters, das die Bäume auf die Alleen zeichneten, als trügerisch erscheinen; das Meer bevölkerte die Gassen mit krummen Gestalten ausländischer Zunge, unsicheren Schrittes und düsterer Vergangenheit, bei denen Messer, Pistole und Knüppel locker saßen; das Meer bot denen Zuflucht, die sich der Verantwortung vor Gericht zu entziehen suchten, nachts herzzerreißende Schreie und ungesühnte Verbrechen hinter sich ließen und auf dem Seeweg flohen; die Farbe von Barcelonas Häusern und Plätzen war das blendende Weiß des Meeres an klaren oder sein düsteres Grau an stürmischen Tagen. All das faszinierte Onofre Bouvila, der aus dem Landesinnern stammte, zwangsläufig. Als erstes ging er an diesem Morgen zum Hafen, um Arbeit als Stauer zu suchen. […]

Ein Polizeikordon verwehrte ihm den Zutritt zu den Molen. Auf die Frage, was das zu bedeuten habe, antwortete man ihm, unter den Hafenarbeitern seien mehrere, zweifellos von einem Schiff aus fernen Landen eingeschleppte Fälle von Cholera diagnostiziert worden. Er spähte über die Schulter eines Beamten und erblickte ein trauriges Bild. Verschiedene Stauer hatten die Ballen, die sie schleppten, fallengelassen und übergaben sich auf die Steinplatten des Docks; andere erbrachen zu Füßen der Hebekräne eine dünne ockerfarbene Flüssigkeit. War der Anfall vorbei, nahmen sie

Der Industriehafen gegen Ende des Ersten Weltkrieges.

unter Konvulsionen ihre Schwerarbeit wieder auf, um den Taglohn nicht einbüßen zu müssen. Die Gesunden gingen den Angesteckten aus dem Weg und bedrohten sie mit Ketten und Enterhaken, wenn sie Anstalten machten, in ihre Nähe zu kommen. Eine Handvoll Frauen versuchte den Sanitätskordon zu durchbrechen, um ihren Männern oder Freunden zu Hilfe zu eilen, doch die Polizei drängte sie erbarmungslos zurück.

Onofre Bouvila ging dem Meer entlang Richtung Barceloneta weiter. Zu jener Zeit hatte die große Mehrheit der Schiffe noch Segel, und auch die Hafeneinrichtungen waren sehr rückständig. Die Molen gestatteten kein seitliches Anlegen der Schiffe – sie mußten mit dem Heck vor Anker gehen, was die Lade- und Löscharbeiten gewaltig erschwerte, weil sie mittels Barkassen und Schaluppen vorgenommen werden mußten. Ein ganzer Schwarm von diesen Barkassen und Schaluppen durchpflügte ständig den Hafen und schleppte

Waren hin und zurück. Auf den Molen und in den angrenzenden Straßen wimmelte es von alten Matrosen mit gegerbten Gesichtern, die die Hosen bis zum Knie hinaufgekrempelt hatten und weite quergestreifte Kittel und phrygische Mützen trugen. Sie rauchten Rohrpfeife, tranken Schnaps und aßen Pökelfleisch und Schiffszwieback, den sie wochenlang hatten trocknen lassen; außerdem saugten sie gierig Zitronen aus; mit den Leuten waren sie einsilbig, führten aber endlose Selbstgespräche; sie mieden den zwischenmenschlichen Kontakt und waren streitsüchtig, pflegten jedoch immer einen Hund, einen Papagei, eine Schildkröte oder irgendein anderes Tierchen bei sich zu haben, das sie mit Liebkosungen und Aufmerksamkeiten überhäuften. Eigentlich war ihr Schicksal tragisch: Schon im Kindesalter waren sie als Schiffsjungen zur See gegangen und dann bis ins Alter nicht mehr in ihr Geburtsland zurückgekehrt, mit dem sie nur noch die Erinnerung verband. Das dauernde Herumvagabundieren hatte eine Familiengründung oder das Knüpfen dauerhafter Freundschaften nicht zugelassen. Jetzt, nach ihrer Rückkehr, fühlten sie sich als Fremde. Aber im Gegensatz zum echten Ausländer, der sich den Gepflogenheiten des Landes, das ihn aufnimmt, schlecht und recht anzupassen vermag, schleppten sie einen ganzen Stoß Erinnerungen mit sich, die sich im Lauf all der Jahre verfälscht hatten, weil die Männer so viele Mußestunden mit Träumen und Pläneschmieden verschwendeten; wurden sie nun mit dieser anderen Wirklichkeit konfrontiert, machten es ihnen diese idealisierten Erinnerungen unmöglich, sich der Gegenwart anzupassen. Um nicht in eine derartige Verwirrung zu geraten, zogen einige es vor, ihren Lebensabend in irgendeinem fernen Hafen weitab von der Heimat zu verbringen. Dies war bei einem nahezu hundertjährigen Seebären unbekannter Herkunft namens Sturm der Fall, der es in jenen Jahren in der Barceloneta, wo er lebte, zu Berühmtheit

Wohnen, Flanieren, Arbeiten: Uferstraße und Hafen von Barcelona um 1880.

gebracht hatte. Er sprach eine Sprache, die niemand verstand, auch nicht die diversen Dozenten der philosophischen Fakultät, zu denen ihn seine Nachbarn vergeblich gebracht hatten. Sein einziges Kapital war ein Bündel Banknoten, die ihm keine Bank Barcelonas wechseln wollte; aber da dieses Bündel sehr dick war, galt er als reich, und in den Geschäften und Kneipen seines Viertels schenkte man ihm Vertrauen. Man sagte von ihm, er sei kein Christ, bete dafür die Sonne an und halte in seinem Zimmer einen Seehund oder eine Seekuh.

Die Barceloneta war ein Fischerviertel, das während des 18. Jahrhunderts außerhalb von Barcelonas Stadtmauern aus dem Boden geschossen war. Nachträglich war es in die Stadt integriert und vom Sog einer raschen Industrialisierung erfaßt worden. In der Barceloneta standen nun die großen Werften. Als Onofre Bouvila dort umherschlenderte, stieß er auf eine Gruppe munterer, draller Frauen, die unter schallendem Gelächter Fische und Krustentiere sortierten. Ermutigt durch diese Zeichen guter Laune, ging er auf sie zu, um sich zu erkundigen. Vielleicht können mir diese Frauen sagen, wo ich Arbeit finde, dachte er; Frauen werden einen Burschen wie mich bestimmt netter behandeln. Schnell merkte er aber, daß ihre scheinbar gute Laune in Wirklichkeit auf eine nervöse Störung zurückzuführen war, die sie ohne äußeren Anlaß wirr und unkontrolliert lachen ließ, obwohl sie im Grunde verbittert waren und vor Wut kochten; grundlos schwangen sie Messer und warfen sich Hummer und Krebse an den Kopf. Als er das sah, nahm er Reißaus. Nicht mehr Glück war ihm beim Versuch beschieden, sich auf einem der dort verankerten und von der Quarantäne nicht betroffenen Schiffe als Matrose anheuern zu lassen. Als er sich einem der Schiffe näherte, rieten ihm die an der Reling lehnenden Seeleute ab, sich anwerben zu lassen. »Komm nicht an Bord, wenn dir dein Leben lieb ist, Junge«, riefen sie und erzählten, sie seien selbst Opfer des Skorbuts. Beim Sprechen entblößten sie ihr blutiges Zahnfleisch.

Jahre später, nach einer steilen Karriere, die mit dem Verteilen anarchistischer Pamphlete und dem Verkaufen geheimnisvoller Haarwässerchen begann, überwacht Onofre Bouvila als Geschäftsmann von zweifelhaftem Ruhm das Verladen seiner Waren im Hafen. Er blickt zurück auf seine Jugend und sieht zugleich den nahenden Ersten Weltkrieg als weitere Chance auf dem Weg nach oben.

An einem Abend im August 1913 meditierte Onofre Bouvila im Hafen von Barcelona gerade über die Vergänglichkeit der Zeit. Er überwachte dort das Löschen bestimmter Kisten, deren Inhalt nicht mit dem Frachtbrief übereinstimmte. Die Zollbehörden waren im Bild und ihre Bevollmächtigung angemessen mit Gold aufgewogen worden, aber er wollte nichts dem Zufall überlassen. Während er zerstreut das Anlegen des Schiffs verfolgte, erinnerte er sich an den Tag, an dem er auf ebendieser Mole Arbeit gesucht hatte. Damals waren fast alle Schiffe Segelschiffe und er noch ein Junge gewesen; jetzt sah er die Schlote und Masten sanft gegen das Dämmerlicht des Spätsommerabends schwanken. Er wurde bald vierzig. Mürrisch und einsam betrachtete er die verankerten Schiffe. Ein Schreiber, in tiefe Trauer gekleidet, kam mit der Meldung, die Kisten würden soeben aus dem Kielraum geholt. »Hat ihre Verpackung Schaden genommen?« fragte er zerstreut. Aus Informationen, die über verschiedene Kanäle zu ihm gelangt waren, hatte er gefolgert, daß es bald Krieg gebe; wäre dies der Fall, sollten sich also seine Erwartungen erfüllen, so konnte in kurzer Zeit ein Riesenvermögen verdienen, wer den Markt mit Waffen zu versorgen in der Lage war. [...]

Jetzt lauschte er, wie die Taue aneinanderschlugen, das Sparrenwerk ächzte und das Wasser gegen das Freibord der Schiffe plätscherte. Viele dieser Schiffe brachten ihre Waren von und nach den Philippinen und andern Orten; einige gehörten ihm auch. Das alles hatte ihn aber in den Augen der Gesellschaft nicht von seiner obskuren Herkunft reinwaschen können. Man suchte ihn auf, weil man ihn brauchte, doch nachher gab man vor, sich nicht mehr daran zu erinnern; sein Name tauchte auf keiner Mitgliederliste auf.

Lektüre im Hafencafé:
Eduardo Mendoza,
Die Stadt der Wunder

TANGER

Marokko
Tahar Ben Jelloun

Ein Traum vor den Mauern Europas

Paul Bowles, Jack Kerouac, Allan Ginsberg, William Burroughs und all die anderen vergnügten sich in Tanger, in diesem »hohen, weißen Vorgebirge, das die ganze afrikanische Küste wie eine Schleppe hinter sich herzuziehen scheint«, wie es Truman Capote formulierte. Der marokkanische Schriftsteller Tahar Ben Jelloun entlarvt die Tanger-Begeisterung der Beatniks als oberflächlichen Orientalismus. Er sieht die Stadt mit der sichelförmigen Hafenmole ganz nüchtern als Ziel der Hoffnungslosen. Heute drängen die Menschen aus Schwarzafrika an die Küste, um nach Europa überzusetzen. In Tahar Ben Jellouns Roman »Verlassen« ist die Stadt ein Warteraum, in dem es selbst die Einheimischen nur aushalten, weil sie keine Alternative haben.

Gegen fünf Uhr früh war Azel alleine auf der Esplanade des Boulevard Pasteur. Man sah die Lichter von Tarifa ziemlich deutlich. Er schlug den Weg zum Hafen ein, vorbei an der Ruine des Cervantes-Theater. Er sagte sich, wenn er eines Tages die spanische Nationalität hätte, würde er wiederkommen und das Theater restaurieren lassen. An der Einfahrt zum Hafen hielt ihn ein schlecht gelaunter Polizist an.

»He, du. Wohin?«

»Den Schiffen beim Ablegen zusehen.«

»Verpiß dich. Wir haben schon genug Probleme mit den Spaniern und den herumlungernden Afrikanern ...«

»Keine Sorge, ich mache keinen Absprung, will nur den Lastwagen beim Auffahren auf die Fähren zusehen. Ist mein gutes Recht, die Kisten zu beneiden! Ich möchte eine dieser Kisten sein, nicht da drin hocken, da würde ich ja ersticken. Nein, ich möchte eine Kiste mit Waren sein, die in Europa in einem Warenhaus untergebracht wird, in Freiheit und Wohlstand, ja, nur eine leichte Holzkiste, ein anonymes Teil, auf dem in Rot stehen soll: ›Zerbrechlich‹, ›Oben‹, ›Unten‹.«

»Du bist doch verrückt!«

»Jawohl! Hier, nimm Zigaretten.«

Der Polizist bediente sich und bat Azel, ihn vor allem in Ruhe zu lassen.

»Sag mir doch, nur unter vier Augen, möchtest du nicht auch an der Stelle einer dieser Kisten sein?«

»Laß mich in Frieden!«

»Nun werd nicht gleich sauer, es war nur ein Scherz.«

»Geh, wohin du willst, und wenn du einen guten Trick findest, komm und hol mich. Ich hab es auch satt.« [...]

Azel ging langsam weiter. Besonders gefielen ihm die Motorengeräusche der großen Laster. Er näherte sich, schnupperte den Dieselgeruch, als sei es der Duft von Rosen. Er strich mit der Hand über einen Reifen, sah ihn sich an und überlegte, bis wohin der ihn bringen könnte. Zwei Arbeiter beluden den Lastwagen. Er fragte sie, welche Waren sie transportierten. Kleidung, nur große Marken, Boss, Klein, Zara, italienische, spanische, alles, nur nichts Marokkanisches!

Er sah sich als Schaufensterpuppe mit Markenkleidung in einer der Kisten lagern, um dann in Madrid oder Paris ins Schaufenster gestellt zu werden. Er stellte sich vor, in Wachs gegossen zu werden und als Vorführpuppe verkleidet die

Grenze zu passieren, ein seelenloser Gegenstand, kein atmendes menschliches Wesen. Die Idee brachte ihn zum Lachen. Zugleich bekam er Angst. Er schlenderte weiter, besah die Unterseite des Lasters und erinnerte sich an den Jugendlichen, der sich unter einem Wagen versteckt hatte. Nach Überqueren der spanischen Grenze hatte er sich davongemacht, wurde aber von Jägern aufgegriffen, die ihn der Polizei übergaben. Über seine Geschichte wurde in den europäischen Fernseh- und Rundfunksendungen berichtet. Er wurde als Beispiel für den Wahn vorgestellt, der manche jungen Marokkaner befallen hatte. Das marokkanische Konsulat nahm sich des unglückseligen Abenteurers an und überführte ihn nach Hause. Sobald er in Tanger angekommen war, schwor er, es wieder zu versuchen.

Tahar Ben Jelloun (geb. 1944)

Andere Laster luden schwerere Ware. Azel ging zu den abfahrenden Schiffen. Alles war ruhig. Die Polizisten frühstückten, einer las Zeitung. Der Artikel handelte von dem elektronischen Überwachungssystem, das die Spanier entlang ihrer Küsten eingerichtet hatten, mit Infrarot, automatischen Waffen, Ultraschall, Ultra-Allem … Man würde die Illegalen bereits aufspüren, bevor sie entschieden hätten, ihr Land zu verlassen! Mit diesen Geräten waren die spanischen Bullen in der Lage, alles vorauszuplanen, sobald ein Marokkaner auch nur den geringsten Wunsch hatte, die Meerenge von Gibraltar zu überqueren. Er brauchte es nur zu denken, und schon bekämen die Spanier Einzelinformationen über ihn, sein Alter, seinen Namen, seine Vergangenheit, alles, sie würden alles wissen. Das war doch echter Fortschritt! Die Marokkaner sollten sich jetzt mal klein halten. Ab jetzt keine Träume von Spanien mehr! Ein neues Gesetz und die neuen technischen Mittel verboten es. Beim geringsten Verdacht flammen die Lichter der Guardia Civil auf, entdecken die Geräte den Auswanderungskandidaten, der aus Europa ausgewiesen wird, bevor er noch sein Haus verlas-

Limadet

sen hat. Da braucht man keine Lastwagenladungen mehr zu durchsuchen.

Auf dem Kai staunte Azel über die Größe der Schiffe. Wie ein Kind, das zum ersten Mal das Meer entdeckt. Er mochte die Motorengeräusche und das Geschrei der Matrosen. Er sah sich in weißer Uniform als Kapitän oder Kommandant, schloß die Augen, um das Bild zu genießen, gab kurze präzise Anweisungen. Es mußte ungefähr sieben Uhr sein. Ein riesiger Dampfer legte gerade an. Azel war fasziniert von der gigantischen Masse auf dem ruhigen glatten Wasser. Er winkte einer Passagierin zu, die sich über die Reling beugte. Sie reagierte nicht, doch das war ihm nun wirklich egal. Am liebsten wäre er in diesem Augenblick in einer Kabine gewesen, in der er sich bis zur Abfahrt versteckt hätte, um dann anschließend auf der Brücke eine Zigarette zu rauchen. Da würde er mit einem deutschen Touristen plaudern, der zur goldenen Hochzeit mit seiner Frau eine Kreuzfahrt machte. Ihm würde übel, er nähme ein Medikament gegen die Seekrankheit und legte sich in saubere Laken schlafen, gewiegt vom Geräusch der Wellen, die ihn weit, sehr weit von Tanger und von Afrika wegtrügen. [...]

Der Dampfer dockte am Kai an. Azel hob den Blick, half den Matrosen, die Leiter anzubringen. Reisende stiegen lachend aus. Er hätte sich so gerne an Bord geschlichen und dort versteckt. Doch es war zu riskant. Er sah eine graue Katze, die sich an den Wachen vorbeischlängeln wollte. Sie wurde mit einem Fußtritt verjagt, doch sie versuchte es immer wieder. Die Zöllner und Polizisten kannten diese Katze. Sie machten Witze über ihre hartnäckigen Versuche, Marokko zu verlassen. Auch die Katze war es leid, auch sie wollte etwas anderes erleben, brauchte Zärtlichkeit, Streicheleinheiten, eine ruhige Familie, die sie verwöhnen würde. Sie wollte weg, weil sie intuitiv wußte, daß es drüben besser war. Auch sie hatte ihre Obsessionen, sie war stur, kam jeden Tag und tat alles, um auf ein Schiff nach Europa zu gelangen. Vielleicht war es eine christliche Katze, die Spaniern oder Engländern gehört hatte, nur sie schützen und lieben die Tiere derart. Bei uns wird eine Katze oder ein Hund wie ein Eindringling behandelt, man verjagt das Tier, schlägt es, da ist es nur normal, daß die graue Katze auch wegwill! Einmal war sie gesprungen und hatte die Leiter zum Schiff verfehlt. Ein mitleidiger Fischer fischte sie aus dem Wasser.

Azel gab seine Träumereien auf und schlenderte mit den Händen in den Taschen zurück. Er traf die Katze und begrüßte sie wie einen Menschen. »Du willst auch weg. Du hast auch den Virus des Verlassens erwischt, fühlst dich nicht wohl hier, wirst mißhandelt, mit Füßen getreten, träumst von einem besseren, angenehmeren Leben in einem großen wohlhabenden Haus. Verzweifle nicht, eines Tages schaffst du es.« Die Katze hörte ihn aufmerksam an, maunzte und verschwand. Als er den Hafen verließ, blieb Azel kurz bei dem Polizisten stehen und gab ihm sein kaum angebrochenes Zigarettenpäckchen.

»Hier, es sind amerikanische, echte, Schmuggelware, rauch, gib deinen Lungen ein wenig Teer, der sich in deinen Arterien ablegt. Also, Kamerad, bis die Tage!«

Lektüre im Hafencafé:
Tahar Ben Jelloun,
Verlassen

LISSABON

D40196

Portugal
José Saramago
Erich Maria Remarque

Der Hafen der Hoffnung

»Dir Lissabon gehorcht das tiefe Meer, es gehorcht Dir und der Kraft Portugals«, besang Camões das Zentrum des portugiesischen Weltreichs in seinen »Lusiaden«. In den 1930er Jahren regieren andere Nationen die Weltmeere. Lissabon liegt still und von der Welt vergessen am äußersten Ende Europas. Die Atmosphäre ist wehmutgesättigt wie die Gedanken in Fernando Pessoas berühmtem »Buch der Unruhe«. José Saramago läßt in seinem Roman »Das Todesjahr des Ricardo Reis« eine von Pessoas Figuren aus Brasilien heimkehren. Vom Schiff aus erblickt der fiktive Dichter Ricardo Reis seine Geburtsstadt, in der er seinem Erfinder Pessoa begegnen wird.

◂ Der Torre de Belém, 1521 als Leucht- und Wachturm auf einer Insel im Tejo gebaut, ist heute auf dem Landweg zu erreichen.

Hier endet das Meer, und das Land beginnt. Es regnet auf die fahlbleiche Stadt, die Wasser des Flusses ziehen lehmig trüb dahin, überflutet sind die Niederungen. Ein dunkles Schiff bewegt sich den düster schweigenden Strom hinauf, es ist die Highland Brigade, die am Kai von Alcântara festmachen will. Ein englisches Dampfschiff der Royal Mail, das auf der Atlantikroute eingesetzt ist, zwischen London und Buenos Aires, ein Schiffchen auf den Meereswegen, hierhin, dorthin, immer dieselben Häfen anlaufend, La Plata, Monte-

Lange kein Zentrum eines Weltreiches mehr: Fischer im Hafen von Lissabon um 1930.

video, Santos, Rio de Janeiro, Pernambuco, Las Palmas, in dieser oder umgekehrter Reihenfolge, und wenn es auf der Reise nicht untergeht, dann berührt es auch Vigo und Boulogne-sur-Mer, um schließlich in die Themse einzufahren, so wie jetzt in den Tejo; sag mir, welcher Fluß der größte ist und welcher Ort. Das Schiff ist nicht groß, vierzehntausend Tonnen, doch es hält sich gut auf dem Meer, wie es einmal auf der Überfahrt beweisen konnte, als trotz des ständig schlechten Wetters nur den Schiffsjungen übel wurde und jenen Seebären, die einem hoffnungslos empfindlichen Magen gehorchen müssen, und weil das Innere des Schiffes so häuslich und so gemütlich ist, erhielt es liebevoll, ebenso wie seine Zwillingsschwester, die Highland Monarch, den Beinamen Familiendampfer. [...]

Durch die von Salzwasser getrübten Fenster schauen die Kinder auf die graue Stadt, die sich flach auf den Hügeln ausbreitet, als wäre sie nur aus erdnahen Häusern erbaut, verloren erhebt sich eine Kuppel, ein höherer Giebel, eine Silhouette, wohl die einer Burgruine, falls nicht alles eine Illusion ist, eine Täuschung der Sinne, eine Luftspiegelung, hervorgerufen durch wallende Regenschleier, die vom bedeckten Himmel herabfallen. Die fremdländischen Kinder, von der Natur am verschwenderischsten mit der Tugend der Neugier ausgestattet, wollen wissen, wie diese Stadt heißt, und die Eltern sagen es ihnen, oder die Ammen, die nurses, bonnes, Fräuleins oder ein Matrose, der kurz vor dem Anlegemanöver vorbeieilt, Lisboa, Lisbon, Lisbonne, Lissabon [...]. Wenn morgen früh die Highland Brigade die Mole hinter sich läßt, das Land noch in Sichtweite, sollte es wenigstens etwas Sonne geben und weniger bedeckten Himmel, damit der graue Nebel das vergängliche Gedächtnis der Reisenden nicht völlig trüben möge, jener Kinder, die zum erstenmal hierhergekommen sind, den Namen Lisboa wiederholen und auf ihre Art in einen anderen umwandeln, jener Erwachsenen, die die Brauen runzeln und bei der allgegenwärtigen Feuchtigkeit frösteln, die Holz und Eisen überzieht, als wäre die Highland Brigade aus der Meerestiefe emporgetaucht, ein Schiff, zwiefach Phantasma. Weder auf Wunsch noch aus reinem Vergnügen würde jemand in diesem Hafen bleiben wollen.

José Saramago
(geb. 1922)

Wenig später geriet Lissabon plötzlich wieder ins Zentrum des – zumindest literarischen – Weltgeschehens. Über siebzig deutschsprachige Schriftsteller fanden hier für Tage, Wochen oder Monate vorübergehend Zuflucht vor den Nazis. In »Die Nacht von Lissabon« beschreibt Erich Maria Remarque die Stimmung banger Hoffnung unter den Flüchtlingen.

Erich Maria Remarque
(1898–1970)

Ich starrte auf das Schiff. Es lag ein Stück vom Quai entfernt, grell beleuchtet, im Tejo. Obschon ich seit einer Woche in

Hafenarbeiter verladen das Gepäck jüdischer Flüchtlinge, Lissabon 1941.

Lissabon war, hatte ich mich noch immer nicht an das sorglose Licht dieser Stadt gewöhnt. In den Ländern, aus denen ich kam, lagen die Städte nachts schwarz da wie Kohlengruben, und eine Laterne in der Dunkelheit war gefährlicher als die Pest im Mittelalter. Ich kam aus dem Europa des zwanzigsten Jahrhunderts.

Das Schiff war ein Passagierdampfer, der beladen wurde. Ich wußte, daß es am nächsten Abend abgehen sollte. Im harten Schein der nackten elektrischen Birnen wurden Ladungen von Fleisch, Fisch, Konserven, Brot und Gemüse verstaut; Arbeiter schleppten Gepäck an Bord, und ein Kran schwang Kisten und Ballen so lautlos herauf, als wären sie ohne Gewicht. Das Schiff rüstete sich zur Fahrt, als wäre es eine Arche zur Zeit der Sintflut. Es *war* eine Arche. Jedes Schiff, das in diesen Monaten des Jahres 1940 Europa verließ, war eine Arche. Der Berg Ararat war Amerika, und die Flut stieg täglich. Sie hatte Deutschland und Österreich seit langem überschwemmt und stand tief in Polen und Prag; Amsterdam, Brüssel, Kopenhagen, Oslo und Paris waren bereits in ihr untergegangen, die Städte Italiens stanken nach ihr, und auch Spanien war nicht mehr sicher. Die Küste Portugals war die letzte Zuflucht geworden für die Flüchtlinge, denen Gerechtigkeit, Freiheit und Toleranz mehr bedeuteten als Heimat und Existenz. Wer von hier das Gelobte Land Amerika nicht erreichen konnte, war verloren. Er mußte verbluten im Gestrüpp der verweigerten Ein- und Ausreisevisen, der unerreichbaren Arbeits- und Aufenthaltsbewilligungen, der Internierungslager, der Bürokratie, der Einsamkeit, der Fremde und der entsetzlichen allgemeinen Gleichgültigkeit gegen das Schicksal des einzelnen, die stets die Folge von Krieg, Angst und Not ist. Der Mensch war um diese Zeit nichts mehr; ein gültiger Paß alles.

Ich war nachmittags im Casino von Estoril gewesen, um zu spielen. Ich besaß noch einen guten Anzug, und man hatte mich hineingelassen. Es war ein letzter, verzweifelter Versuch gewesen, das Schicksal zu bestechen. Unsere portugiesische Aufenthaltserlaubnis lief in wenigen Tagen ab, und Ruth und ich hatten keine anderen Visa. Das Schiff, das im Tejo lag, war das letzte, mit dem wir in Frankreich gehofft hatten, New York zu erreichen; aber es war seit Monaten ausverkauft, und uns hätten, außer der amerikanischen Einreiseerlaubnis, auch noch über dreihundert Dollar Fahrgeld gefehlt. Ich hatte versucht, wenigstens das Geld zu bekommen, in der einzigen Art, die hier noch möglich war – durch Spielen. Es war sinnlos gewesen, denn selbst wenn ich gewonnen hätte, hätte immer noch ein Wunder geschehen müssen, um auf das Schiff zu kommen. Doch auf der Flucht und in Verzweiflung und Gefahr lernt man, an Wunder zu glauben; sonst würde man nicht überleben.

Portugiesische Polizisten kontrollieren die Ausweise.

Ich hatte von den zweiundsechzig Dollars, die wir noch besessen hatten, sechsundfünfzig verloren.

Der Quai war in der späten Nacht ziemlich leer. Nach einer Weile bemerkte ich jedoch einen Mann, der ziellos hin und her ging, dann stehenblieb und ebenso zu dem Schiff hinüberstarrte wie ich. Ich nahm an, er sei auch einer der vielen Gestrandeten, und beachtete ihn nicht weiter, bis ich spürte, daß er mich beobachtete. Die Furcht vor der Polizei verläßt den Flüchtling nie, nicht einmal im Schlaf, auch wenn er nichts zu fürchten hat – deshalb drehte ich mich sofort scheinbar gelangweilt um und verließ langsam den Quai wie jemand, der vor nichts Angst zu haben braucht.

Kurz darauf hörte ich Schritte hinter mir. Ich ging weiter, ohne schneller zu werden, während ich überlegte, wie ich Ruth benachrichtigen könne, wenn ich verhaftet würde. Die pastellfarbenen Häuser, die am Ende des Quais wie Schmetterlinge in der Nacht schliefen, waren noch zu weit entfernt, als daß ich, ohne Gefahr, angeschossen zu werden, zu ihnen hätte hinüberlaufen können, um in den Gassen zu verschwinden.

Der Mann war jetzt neben mir. Er war etwas kleiner als ich. »Sind Sie Deutscher?« fragte er auf deutsch.

Ich schüttelte den Kopf und ging weiter.

»Österreicher?«

Ich antwortete nicht. Ich sah auf die pastellfarbenen Häuser, die viel zu langsam näher kamen. Ich wußte, daß es portugiesische Polizisten gab, die sehr gut deutsch sprachen.

»Ich bin kein Polizist«, sagte der Mann.

Ich glaubte ihm nicht. Er war in Zivil, aber Gendarmen in Zivil hatten mich ein halbes dutzendmal in Europa festgenommen. Ich hatte zwar jetzt Ausweispapiere bei mir, die nicht schlecht gemacht waren, in Paris von einem Mathematikprofessor aus Prag, aber sie waren etwas gefälscht.

»Ich sah Sie, wie Sie das Schiff betrachteten«, sagte der Mann. »Deshalb dachte ich ...«

Ich streifte ihn mit einem gleichgültigen Blick. Er sah nicht aus wie ein Polizist; aber der letzte Gendarm, der mich in Bordeaux erwischt hatte, hatte so erbarmungswürdig ausgesehen wie Lazarus nach drei Tagen im Grabe, und er war der unbarmherzigste von allen gewesen. Er hatte mich verhaftet, obschon er wußte, daß die deutschen Truppen in einem Tage in Bordeaux sein sollten, und ich wäre verloren gewesen, hätte mich ein barmherziger Gefängnisdirektor nicht ein paar Stunden später freigelassen.

»Möchten Sie nach New York?« fragte der Mann.

Ich antwortete nicht. Ich brauchte nur noch zwanzig Meter, um ihn niederzustoßen und entfliehen zu können, wenn es notwendig war.

»Hier sind zwei Fahrkarten für das Schiff, das drüben liegt«, sagte der Mann und griff in seine Tasche.

Ich sah die Scheine. Ich konnte sie im schwachen Licht nicht lesen. Aber wir waren jetzt weit genug gekommen. Ich konnte riskieren, stehenzubleiben.

»Was soll das alles?« fragte ich auf portugiesisch. Ich kannte ein paar Worte davon.

»Sie können sie haben«, sagte der Mann. »Ich brauche sie nicht.«

»Sie brauchen sie nicht? Was heißt das?«

»Ich brauche sie nicht mehr.«

Ich starrte den Mann an. Ich begriff ihn nicht. Er schien tatsächlich kein Polizist zu sein. Um mich festzunehmen, hätte er solche ausgefallenen Tricks nicht nötig gehabt. Aber wenn die Fahrscheine echt waren, weshalb konnte er sie dann nicht gebrauchen? Und wozu bot er sie mir an? Um sie zu verkaufen? Etwas in mir begann zu zittern.

»Ich kann sie nicht kaufen«, sagte ich schließlich auf deutsch. »Sie sind ein Vermögen wert. Es soll in Lissabon

Kurz vor der Flucht nach New York: Jüdische Kinder warten darauf, ihr Schiff zu besteigen.

reiche Emigranten geben; die werden ihnen dafür zahlen, was Sie verlangen. Sie sind an den Falschen gekommen. Ich habe kein Geld.«

»Ich will sie nicht verkaufen«, sagte der Mann.

Ich blickte wieder auf die Scheine. »Sind sie echt?«

Er reichte sie mir, ohne zu antworten. Sie knisterten in meinen Händen. Sie waren echt. Sie zu besitzen war der Unterschied zwischen Untergang und Rettung. Selbst wenn ich sie nicht benutzen konnte, weil wir keine amerikanischen Visa hatten, konnte ich morgen vormittag noch versuchen, daraufhin welche zu bekommen – oder ich konnte sie zumindest verkaufen. Das bedeutete sechs Monate mehr Leben. Ich verstand den Mann nicht.

»Ich verstehe Sie nicht«, sagte ich.

»Sie können sie haben«, erwiderte er. »Umsonst. Ich verlasse Lissabon morgen vormittag. Ich habe nur eine Bedingung.«

Ich ließ die Hände sinken. Ich hatte gewußt, daß es nicht wahr sein konnte. »Was?« fragte ich.

»Ich möchte diese Nacht nicht allein bleiben.«

»Sie wollen, daß wir zusammenbleiben.«

»Ja. Bis morgen früh.«

»Das ist alles?«

»Das ist alles.«

»Sonst nichts?«

»Sonst nichts.«

Ungläubig blickte ich den Mann an. Ich war zwar daran gewöhnt, daß Leute unserer Art manchmal zusammenbrachen; daß sie oft nicht allein bleiben konnten, daß sie die Platzangst von Menschen bekamen, für die nirgendwo mehr Platz ist; und daß ein Genosse in einer Nacht, sei er auch noch so fremd, einen vor dem Selbstmord bewahren konnte; aber es war dann selbstverständlich, daß man sich half; man setzte keine Preise dafür aus. Und nicht solche. »Wo wohnen Sie?« fragte ich.

Er machte eine abwehrende Bewegung. »Dahin will ich nicht. Gibt es keine Kneipe, in der man noch sitzen kann?«

»Es gibt sicher noch welche.«

»Gibt es keine für Emigranten? So wie das Café de la Rose in Paris?«

Ich kannte das Café de la Rose. Ruth und ich hatten dort zwei Wochen geschlafen. Der Wirt erlaubte es einem, wenn man einen Kaffee bestellte. Man brachte ein paar Zeitungen mit und legte sich auf den Boden. Ich hatte nie auf den Tischen geschlafen; vom Fußboden konnte man nicht herunterfallen.

»Ich weiß keines«, erwiderte ich. Ich wußte eines; aber man führt einen Mann, der zwei Schiffskarten verschenken wollte, nicht dahin, wo Leute ein Auge hergegeben hätten, um sie zu bekommen.

»Ich kenne hier nur ein einziges Lokal«, sagte der Mann. »Aber wir können es versuchen. Vielleicht ist es noch offen.«

Er winkte ein einsames Taxi heran und sah mich an.

»Gut«, sagte ich.

Lektüre im Hafencafé:
José Saramago,
Das Todesjahr des Ricardo Reis
Erich Maria Remarque,
Die Nacht von Lissabon

Mutzig
BIÈRE D'ALSACE
PILE
WONDER
BAR TABAC
Mutzig CAFÉ · TABAC
CAFÉ DE LA PLACE

LE HAVRE

Frankreich
Henry Miller

Ein Wochenende im Hafenviertel

Von Le Havre aus flohen unbequeme Literaten wie Victor Hugo vor den Häschern der Regenten, hier schifften sich Agenten und Kommissare im Nieselregen nach England ein, von hier aus wurden allzu lebenslustige Zeitgenossen wie Manon Lescaut nach New Orleans und in andere französische Besitzungen in Übersee verschifft. Für die jungen Amerikaner der *Lost Generation* hingegen war Le Havre das erste Ziel in Europa auf der Reise nach Paris. Hier stieg man von den aus New York ankommenden Schiffen in die bereitstehenden Züge und war wenige Stunden später im Zentrum der Stadt der Lichter. Henry Miller läßt den Erzähler seines Skandalromans »Wendekreis des Krebses« um 1930 auch die Vorzüge der berühmten Hafenstadt an der Seinemündung genießen. Zumindest für ein Wochenende.

Ein paar Wochen später nahmen Fillmore und ich, auf eine dringliche Einladung von Collins, der nach Le Havre zurückgekehrt war, eines Morgens den Zug, um das Wochenende mit ihm zu verbringen. Zum erstenmal seit meinem Hiersein hatte ich Paris verlassen. Wir ließen es uns gutgehen,

Henry Miller in seinen europäischen Jahren, um 1930.

indem wir die ganze Fahrt bis zur Küste Anjou tranken. Collins hatte uns die Adresse einer Bar gegeben, wo wir uns treffen wollten. Das Lokal hieß *Jimmie's Bar,* und jedermann in Le Havre kannte es.

Wir stiegen am Bahnhof in einen offenen Landauer und fuhren in flottem Trab zu unserem Treffpunkt. Wir hatten noch eine halbe Flasche Anjou übrig, die wir während der Fahrt auspichelten. Le Havre sah heiter und sonnig aus. Die Luft war gesättigt von dem starken Salzgeschmack, der fast Heimweh nach New York in uns weckte. Überall ragten Masten auf und drängten sich die Schiffsrümpfe, fröhlich wehten die Flaggen, große, offene Plätze taten sich auf und Cafés mit hohen Decken, wie man sie nur noch in der Provinz findet. Sofort ein liebenswürdiger Eindruck; die Stadt hieß uns mit offenen Armen willkommen. Ehe wir die Bar erreichten, sahen wir Collins eilig die Straße herunterkommen, zweifellos auf dem Weg zum Bahnhof, wie immer ein wenig verspätet. Fillmore schlug sofort einen Pernod vor. Wir klopften uns alle gegenseitig auf den Rücken, lachten und spuckten, bereits von der Sonne und der salzigen Meeresluft trunken. Collins wollte zuerst von einem Pernod nichts wissen. Er habe einen kleinen Kavaliersschnupfen, berichtete er uns. Nichts Ernstliches, eine ›Überreizung‹ höchstwahrscheinlich. Er zeigte uns eine Flasche, die er in der Tasche hatte – ›Vénétienne‹ stand darauf, wenn ich mich recht erinnere. Das Matrosenmittel gegen Tripper.

Wir machten an einem Restaurant halt, um einen kleinen Imbiß einzunehmen, bevor wir zu Jimmies Lokal gingen. Es war eine riesige Schenke mit großem, verrauchtem Gebälk, die Tische bogen sich unter den Speisen. Wir tranken reichlich von den Weinen, die uns Collins empfahl. Dann setzten wir uns auf die *terrasse* zu Kaffee und Schnäpsen. Collins sprach über den Baron de Charlus, einen Mann nach seinem Herzen, wie er sagte. Collins hielt sich jetzt seit fast einem

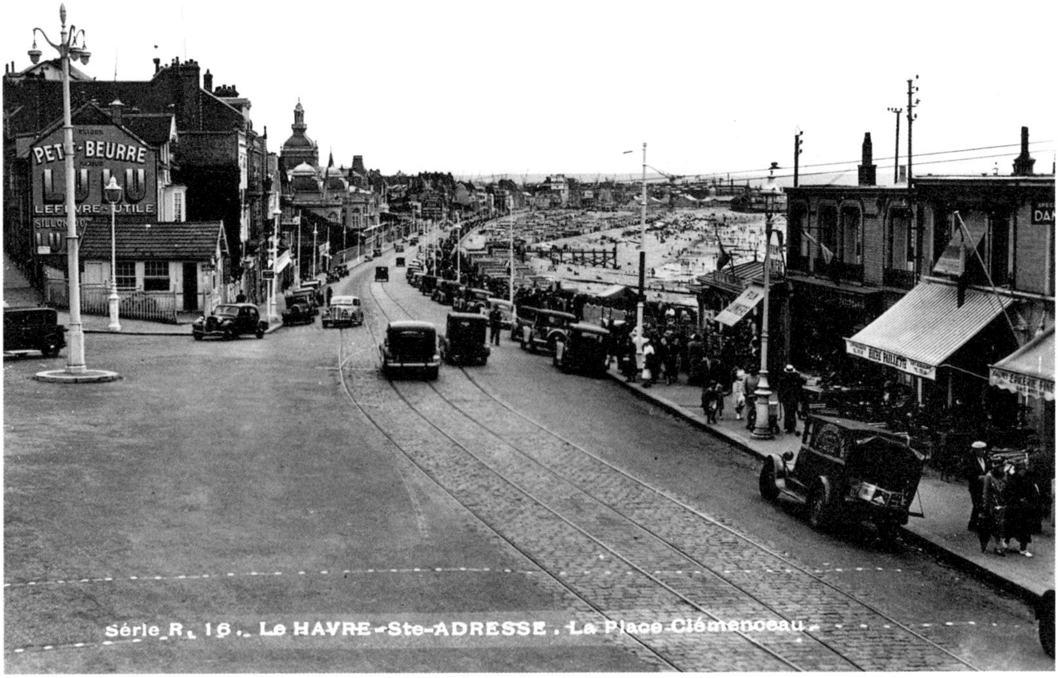

Zwischen mehr und weniger gesitteter Unterhaltung: Die Ausläufer des Hafenviertels, im Hintergrund Casino und Strandbad.

Jahr in Le Havre auf und brachte das Geld durch, das er als Alkoholschmuggler zusammengescharrt hatte. Seine Neigungen waren einfach: Essen, Trinken, Weiber und Bücher. Und ein eigenes Badezimmer! Darauf bestand er. [...]

So brachen wir auf in die Nacht, ins Hafenviertel hinunter, wo Musik, Geschrei und betrunkene Flüche zu hören waren, wobei Collins die ganze Zeit ruhig über dies und jenes plauderte, über einen Jungen, in den er sich verliebt hatte, und die üble Klemme, in die er geraten war, als die Eltern es erfuhren. Von da kam er wieder auf den Baron de Charlus zurück und dann auf Kurtz, der den Fluß hinaufgefahren und verschollen war. Das war sein Lieblingsthema. Es gefiel mir, wie Collins sich dauernd vor diesem literarischen Hintergrund bewegte. Es war wie bei einem Millionär, der nie aus seinem Rolls-Royce ausstieg. Phantasie und Wirklichkeit

Aus der Kneipe an den Strand: Ausschlafen am Strand von Le Havre.

waren für ihn ein Reich. Als wir das Puff am Quai Voltaire betraten, paddelte er noch immer – nachdem er sich auf den Diwan geworfen und nach Mädchen und Getränken geläutet hatte – mit Kurtz den Fluß hinauf, und erst nachdem die Mädchen sich neben ihn aufs Bett gesetzt und ihm den Mund mit Küssen geschlossen hatten, hörte er mit seinen Abschweifungen auf. Dann, als wäre er sich plötzlich bewußt geworden, wo er war, wandte er sich an die Puffmutter und hielt ihr einen beredten Vortrag über seine zwei Freunde, die eigens von Paris hergekommen waren, um ihre Spelunke zu sehen. Es gab etwa ein halbes Dutzend Mädchen in dem Raum, alle nackt und alle schön anzusehen, muß ich sagen. Sie hüpften wie die Vögel herum, während wir drei eine Unterhaltung mit der Alten aufrechtzuerhalten versuchten. Schließlich entschuldigte sie sich und sagte, wir sollten es uns bequem machen. Ich war ganz entzückt von ihr, so angenehm und liebenswürdig, so gütig und mütterlich war sie. Und was für Umgangsformen! Wäre sie ein wenig jünger gewesen, ich hätte ihr einen Antrag gemacht. Jedenfalls hätte man nicht geglaubt, daß wir uns in einer ›Lasterhöhle‹ befanden, wie man so sagt.

Wir blieben ungefähr eine Stunde, und da ich als einziger in der Verfassung war, die Vorzüge des Hauses zu genießen, blieben Collins und Fillmore unten und plauderten mit den Mädchen. Als ich zurückkam, fand ich die beiden ausgestreckt auf dem Bett liegen. Die Mädchen hatten einen Halbkreis um das Bett gebildet und sangen mit den engelhaftesten Stimmen im Chor: *Rosen in der Picardie.* Wir waren sentimental deprimiert, als wir das Haus verließen, besonders Fillmore. Collins steuerte uns rasch in ein verrufenes Lokal, das mit betrunkenen Matrosen auf Landurlaub vollgestopft war, und dort saßen wir eine Weile und sahen uns das homosexuelle Treiben an, das voll im Schwung war. Als wir aufbrachen, mußten wir durch den Rote-Licht-Bezirk, wo noch mehr Großmütter mit Halstüchern auf den Türstufen saßen, sich fächelten und den Vorübergehenden freundlich zunickten. Alle so freundlich aussehende, gütige Seelen, als ob sie einen Kindergarten betreuten. Kleine Gruppen von Matrosen kamen angeschwankt und drängten sich lärmend in die grellen Buden. Überall Sex: er brandete über, eine Flut, die die Pfeiler unter der Stadt wegspülte. Wir bummelten am Rande des Innenhafens entlang, wo alles ein Gewirr und ein Durcheinander war. Wir hatten den Eindruck, als seien alle diese Schiffe, diese Schlepper, Jachten, Schoner und Barken von einem heftigen Sturm an Land geworfen worden.

Zwei Hafenbekanntschaften in der Bar.

Im Verlauf von achtundvierzig Stunden waren so viele Dinge passiert, daß es uns vorkam, als seien wir schon einen Monat oder länger in Le Havre. Wir hatten uns vorgenommen, zeitig am Montagmorgen abzureisen, da Fillmore wieder zurück und an die Arbeit mußte. Tripper hin, Tripper her, jedenfalls verbrachten wir den Sonntag mit Trinken und Schmusen. [...]

Am Sonntag gegen Mitternacht zogen Fillmore und ich uns zurück. Man hatte uns ein Zimmer oben über der Bar angewiesen. Es war drückend heiß, kein Lüftchen regte sich. Durch die offenen Fenster konnten wir sie unten grölen und dauernd das Grammophon leiern hören. Ganz plötzlich brach ein Sturm los, ein richtiger Wolkenbruch. Und zwischen den Donnerschlägen und den Regengüssen, die an die Scheiben klatschten, drang der Lärm eines anderen Sturmes an unsere Ohren, der drunten in der Bar tobte. Es klang schrecklich nahe und unheilvoll; die Weiber schrien aus vollem Hals, Flaschen splitterten, Tische stürzten um, und man hörte den bekannten, abscheulichen Aufprall, den ein menschlicher Körper verursacht, wenn er auf den Boden kracht.

Gegen sechs Uhr steckte Collins den Kopf durch den Türspalt herein. Sein ganzes Gesicht war verpflastert, und ein Arm steckte in einer Schlinge. Ein breites Grinsen lag auf seinem Gesicht.

»Ganz wie ich euch prophezeit habe«, sagte er. »Sie legte vergangene Nacht los. Ich nehme an, ihr habt den Radau gehört.«

Wir zogen uns rasch an und gingen hinunter, um Jimmie Lebewohl zu sagen. Das Lokal war vollkommen demoliert, keine Flasche stand mehr da, kein Stuhl, der nicht zerbrochen war. Der Spiegel und das Auslagefenster waren in Stücke zerschmettert. Jimmie mischte sich gerade einen Eierschnaps. [...]

Es war höchste Zeit, daß wir abfuhren. Die Stadt sah im frühen Morgenlicht anders aus. Das letzte, wovon wir sprachen, während wir bis zur Abfahrt des Zuges warteten, war

Idaho. Wir drei waren Amerikaner. Wir kamen von verschiedenen Orten, aber wir hatten etwas gemeinsam, sogar eine ganze Menge, möchte ich behaupten. Wir wurden sentimental, wie es bei Amerikanern der Fall ist, wenn es zum Abschied kommt. Wir gerieten ganz aus dem Häuschen über die Kühe und die Schafe und die großen offenen Prärien, wo die Männer noch Männer sind und all der Quatsch. Wäre ein Schiff statt des Zuges vorgefahren, dann wären wir an Bord gesprungen und hätten allem Lebewohl gesagt.

Die Kais von Le Havre mit der »Normandie«, dem berühmtesten französischen Atlantikliner.

Lektüre im Hafencafé:
Henry Miller, *Wendekreis des Krebses*

BLUE
BAND

ROTTERDAM

Niederlande
B. Traven

Ein Seemann, der keiner mehr sein darf

Nicht nur Dinge verschwinden unvermittelt in den schummrigen Gassen der Hafenviertel, auch Menschen gehen verloren. Dem Helden aus B. Travens »Das Totenschiff« ergeht es besonders übel: Aus dem sonnigen New Orleans kommend, ist er zunächst in Antwerpen ohne Papiere an Land gegangen, hat bei einer Hafenbekanntschaft genächtigt und so die Abfahrt seines Schiffes verpaßt. In der Folge muß er erleben, was es bedeutet, ganz allein in einem Hafen zurechtzukommen. Von der belgischen Polizei nach Rotterdam abgeschoben, wird ihm bald bewußt, daß er mit seinen Papieren auch seine Identität und seine Freiheit verloren hat. Selbst der heute weltweit größte Hafen, der in den 1930er Jahren noch hinter London rangierte, ist dann kein Tor zur Welt mehr.

Rotterdam ist eine hübsche Stadt. Wenn man Geld hat. Ich hatte keins, nicht einmal eine Börse, wo ich es hätte hineinstecken können, wenn ich welches gehabt hätte. Da war auch nicht ein einziges Schiff im Hafen, das einen Deckarbeiter oder einen Ersten Ingenieur gebraucht hätte. Zu jener Zeit war mir das ganz gleich. Wenn auf einem Schiff ein Erster Ingenieur verlangt worden wäre, ich hätte den Posten angenommen. Glatt. Ohne mit der Wimper zu zucken. Der Krach

Die wahre Identität des deutschsprachigen Schriftstellers ist bis heute ungeklärt, auch weil B. Traven (1883–1969) vor seiner Flucht nach Mexiko mehr als einmal seine Papiere manipulierte.

kommt ja erst, wenn das Schiff draußen ist, auf hoher Fahrt. Und dann können sie einen doch nicht so einfach über Bord feuern. Anzustreichen gibt es immer etwas, da findet sich dann also schon die rechte Arbeit. Man ist ja schließlich auch nicht so, daß man nun mit Mord und Tod auf das Gehalt des Ersten Ingenieurs pocht. Man kann ja etwas nachlassen. Gosh, in welchem Laden wird nicht auch einmal vom Preise heruntergehandelt, wenn das Plakat »Feste Preise« auch noch so groß gemalt ist?

Krach hätte es sicher gegeben; denn damals konnte ich eine Kurbel nicht von einem Ventil und eine Pleuelstange nicht von einer Welle unterscheiden. Das wäre ja beim ersten Signal herausgekommen, wenn der Skipper heruntergeklingelt hätte »Todlangsam«, und gleich darauf wäre der Eimer losgeschossen, als ob er auf Tod und Leben verpflichtet sei, »the Blue Ribbon« zu gewinnen. Ein Spaß wäre es ja doch. Aber es lag nicht an mir, daß ich den Spaß nicht ausprobieren konnte, denn niemand suchte einen Ersten Ingenieur. Es wurde überhaupt niemand gesucht, auf keinem Schiff. Ich hätte alles angenommen, was zwischen Kapitän und Küchenjunge ist. Aber nicht einmal ein Kapitän wurde vermißt.

Nun trieben sich auch schon so viele Seeleute dort herum, die alle auf ein Schiff warteten. Und nun gar noch eins erwischen, das rübergeht nach den USA, das ist schon ganz hoffnungslos. Alle wollen sie auf einen Kasten, der rübergeht, weil sie dort alle absacken wollen, achteraus seilen. Denn alle denken, drüben werden die Leute mit Rosinen gefüttert, sie brauchen den Schnabel nur hinzuhalten. Schiet. Und dann liegen sie dort zu Tausenden in den Häfen rum und warten auf ein Schiff, das sie wieder heimbringt, weil eben alles ganz anders ist, als sie sich gedacht haben. Die goldnen Zeiten sind vorüber, sonst würde mich niemand als Deckarbeiter auf der Tuscaloosa gefunden haben.

Fässer statt Containern: Der alte Stadthafen von Rotterdam, ca. 1880.

Aber die beiden netten belgischen Cops gaben mir einen Tip: Mein Konsul. Mein! Die beiden Cops schienen meinen Konsul besser zu kennen als ich. Merkwürdig. Es ist doch meine Pflicht, ihn besser zu kennen, denn er ist doch meiner. Er ist ja meinetwegen in der Welt. Er wird ja meinetwegen bezahlt.

Der Konsul klariert Dutzende von Schiffen aus, da wird er ja auch etwas wissen über verlangte Deckarbeiter, besonders wenn ich kein Geld habe.

»Wo haben Sie Ihre Seemannskarte?«

»Die habe ich verloren.«

»Haben Sie einen Paß?«

»Nein.«

»Bürgerpapier?«

»Nie gehabt.«

»Ja, was wollen Sie denn dann hier?«

»Ich habe gedacht, daß Sie mein Konsul sind, Sie mir helfen würden.«

Er griente. Sonderbar, daß die Menschen immer grienen, wenn sie einem den Hieb versetzen wollen.

Und mit diesem Grienen auf den Lippen sagte er: »Ihr Konsul? Das müssen Sie mir beweisen, lieber Mann, daß ich Ihr Konsul bin.«

»Ich bin doch aber Amerikaner, und Sie sind ein amerikanischer Konsul.« Das war richtig.

Aber so weit er in Frage kam, schien es nicht richtig zu sein, denn er sagte: »Amerikanischer Konsul, wenn auch augenblicklich noch nicht Erster, bin ich allerdings. Aber ob Sie Amerikaner sind, das müssen Sie mir erst beweisen. Wo haben Sie denn Ihre Papiere?«

»Ich habe Ihnen doch bereits gesagt, die habe ich verloren.«

»Verloren. Wie kann man denn seine Papiere verlieren? Die trägt man doch stets bei sich, besonders wenn man in einem fremden Lande ist. Sie können ja nicht einmal beweisen, ob Sie überhaupt auf der Tuscaloosa waren. Können Sie das beweisen?« – »Nein.« – »Also. Was wollen Sie da hier? Wenn Sie auch auf der Tuscaloosa waren, selbst wenn es bewiesen werden könnte, daß Sie wirklich drauf waren, so wäre das doch nicht der geringste Beweis, daß Sie Bürger, Citizen meine ich, sind. Auf einem amerikanischen Schiff können auch Hottentotten arbeiten. Also, was wollen Sie hier? Wie kommen Sie überhaupt von Antwerpen ohne Papiere hierher nach Rotterdam? Das ist höchst merkwürdig.«

»Die Polizei hat mich doch –«

»Kommen Sie mir gefälligst nicht noch mal mit einer solchen Erzählung. Wo ist denn das erhört, daß Staatsbeamte jemand auf diesem Wege über die Grenze in ein fremdes

Land schicken? Ohne Papiere. Sie können mich nicht damit aufziehen, lieber Mann.«

Und das alles sagt er grinsend und ewig lächelnd, denn ein amerikanischer Beamter hat immer zu lächeln, selbst wenn er ein Todesurteil verkündet. Das ist seine republikanische Pflicht. Was mich aber am meisten ärgerte, war, daß er während seiner Rede stets und ständig mit dem Bleistift spielte. Bald kritzelte er damit auf der Tischplatte herum, bald kratzte er sich damit im Haar, bald trommelte er damit »My Old Kentucky Home«, und bald tippte er mit dem Bleistift auf den Tisch, als ob er mit jedem Tippen ein Wort festnageln wollte. Ich hätte ihm am liebsten das Tintenfaß ins Gesicht geworfen. Aber ich mußte Geduld üben, und so sagte ich: »Vielleicht können Sie mir wieder ein Schiff verschaffen, damit ich heimkomme. Es kann ja sein, daß ein Skipper um einen Mann zu kurz ist, oder daß einer erkrankt.«

Früher lagen die Kais in der Stadt. Heute wird der gesamte Güterverkehr über den neuen Überseehafen abgewickelt.

»Ein Schiff? Ohne Papiere ein Schiff? Von mir nicht, da brauchen Sie gar nicht erst wiederzukommen.«

»Aber wo soll ich denn Papiere herbekommen, wenn Sie mir keine geben?« fragte ich.

»Was geht mich denn das an, wo Sie Ihre Papiere herkriegen? Ich habe sie Ihnen doch nicht abgenommen. Oder? Da könnte ja jeder Herumtreiber, der auf seine Papiere nicht besser achtgibt, kommen und von mir Papiere verlangen.«

»Well, Sir«, sagte ich darauf, »ich glaube, es haben auch schon andre Leute, die nicht Arbeiter sind, ihre Papiere verloren.«

»Richtig. Aber diese Leute haben Geld.«

»Ach so!« schrie ich. »Jetzt verstehe ich.«

»Nichts verstehen Sie«, griente er, »ich meine, dann sind das Leute, die noch andre Ausweise haben, Leute, bei denen kein Zweifel zulässig ist, Leute, die ein Zuhause, die eine Adresse haben.«

»Was kann ich denn dafür, daß ich keine Villa habe, kein Zuhause und keine andre Adresse als meinen Arbeitsplatz!«

»Das geht mich nichts an. Sie haben die Papiere verloren. Sehen Sie zu, wo Sie andre herbekommen. Ich habe mich an meine Bestimmungen zu halten. Nicht meine Schuld. Haben Sie schon gegessen?«

»Ich habe doch kein Geld, und gebettelt habe ich noch nicht.«

»Warten Sie einen Augenblick.«

Er stand auf und ging in ein andres Zimmer. Nach einigen Minuten kam er zurück und brachte mir eine Karte.

»Hier haben Sie eine Verpflegungskarte für drei volle Tage im Seemannshaus. Wenn sie abgelaufen ist, können Sie ruhig noch mal wiederkommen. Versuchen Sie es, vielleicht bekommen Sie ein andres Schiff, von einer andren Nationalität. Manche nehmen es nicht so genau. Ich darf Ihnen keine Andeutungen machen. Sie müssen das selbst herausfinden. Ich bin hier ganz und gar machtlos. Bin lediglich ein Diener des Staates. ’m sorry, old man. Can’t help it. Goodbye and g’d luck!«

Möglich, der Mann hat recht. Vielleicht ist er gar nicht so ein Biest. Warum sollen Menschen denn Biester sein? Ich glaube beinahe, der Staat ist das Biest. Der Staat, der den Müttern die Söhne nimmt, um sie den Götzen vorzuwerfen. Dieser Mann ist der Diener des Biestes, wie der Henker der Diener des Biestes ist. Alles, was der Mann sagte, war auswendig gelernt. Das hatte er jedenfalls lernen müssen, als er seine Prüfung ablegte, um Konsul werden zu können. Das ging klipp-klapp. Auf jede meiner Aussagen hatte er eine passende Antwort, die mir sofort das Maul stopfte. Als er jedoch fragte: »Haben Sie Hunger? Haben Sie schon gegessen?«, da wurde er plötzlich Mensch und hörte auf, Biestdiener zu sein. Hunger haben ist etwas Menschliches, Papiere haben ist etwas Unmenschliches, etwas Unnatürliches. Darum der Unterschied. Und das ist die Ursache, warum Menschen immer mehr aufhören, Menschen zu sein, und anfangen, Figuren aus Papiermaché zu werden. Das Biest kann keine Menschen brauchen; die machen zuviel Arbeit, Figuren aus Papiermaché lassen sich besser in Reih und Glied stellen und uniformieren, damit die Diener des Biestes ein bequemeres Leben führen können. Yesser, yes, Sir.

Lektüre im Hafencafé:
B. Traven, *Das Totenschiff*

HAMBURG

Deutschland
Siegfried Lenz

Der Geist und die Seele der Stadt

Siegfried Lenz
(geb. 1926)

»In Hamburg kann die Nacht nicht süße Melodien summen mit Nachtigallentönen. Sie weiß, daß uns das Lied der Schiffssirenen, die aus dem Hafen stadtwärts brummen, genauso selig macht.« So Wolfgang Borchert über das Verhältnis der Hamburger zu ihrem Hafen. Auch Siegfried Lenz suchte und fand, kurz nach dem Zweiten Weltkrieg, das Zentrum der alten Hansestadt an der Elbe in ihrem Hafen. Als eines der deutschen Rüstungszentren hatte der alte Hansehafen seinen Teil zur Katastrophe beigetragen und war fast vollständig zerstört worden. Trotzdem erwachte der Hafen schnell zu neuem Leben. Paul Hinrichs, der alternde Held aus Siegfried Lenz' Roman »Der Mann im Strom«, hat – dank gefälschter Papiere – noch einmal eine Arbeit als Taucher gefunden, um zu den Wracks im Hafenbecken hinunterzusteigen.

Der Bürgermeister sprach blauäugig und laut auf ihn ein, der Monarch lauschte ausdruckslos, lauschte ohne Bewegung, und nach der Rede drückte er dem Bürgermeister die Hand, und sie gingen über den roten Kokosläufer hinab zu der Regierungsbarkasse: die Hafenbesichtigung begann.

Auch dem kleinen, schwermütigen Monarchen sollte der Hafen gezeigt werden, er war der Stolz der großen Stadt, ihr Ruhm, ihre Schatzkammer seit alters her; mit dem Hafen

Dampfbarkasse der Hamburger Hafenpolizei im Barkenhafen.

war verbunden, was Tradition hatte in der Stadt, was hier galt und bedeutend war, und der Hafen war sehenswert, ohne Zweifel: das hatten schon frühere Staatsbesuche versichert. Ihn konnte man jederzeit vorweisen, er war ein rechtes Schaustück, ein bewegtes Panorama des Umsatzes, er war das Lieblingsgebiet der Stadt, er war ihre Geschichte, und er war auch ihr Geist.

Und sie bestiegen über die Laufplanke die Barkasse, die sie durch den Geist der Stadt bringen sollte, der Bürgermeister bestieg sie, der zarte Monarch und das ordentliche Gefolge. Sie nahmen Platz hinter schützender Wandung, suchten sich vor dem unablässigen Wind zu bergen, der kleine Herrscher hatte den besten Platz. Er saß verloren und regungslos da, sein Auge zeigte keine sonderliche Erwartung, kein Gefühl, kein Ermessen für das, was ihn umgab, er saß in einer Haltung verlorener Würde da, während die kräftigen Herren in den Sonntagsanzügen hervorkamen und die Regierungsbarkasse von den Leinen befreiten. Langsam drehte sie ab in den Strom, unter Winken und Wünschen der Zeitgenossen, sie drehte in schäumendem Bogen zur Mitte, leicht schlingernd mit ihrer noblen Fracht.

Die Zeitgenossen zerstreuten sich, die andern Barkassen, die im Strom hatten warten müssen, durften jetzt anlegen, sie kamen eilig heran. Der Mann entdeckte seine Barkasse am Firmenzeichen, auch sie kam heran, und er ging mit den andern den Landungssteg hinab. Er ging auf Planken, der rote Kokosläufer war nicht für ihn gedacht, seiner Schuhgröße nicht zugemessen, er drängte neben ihm vorbei, mit schweigendem Blick das Gewebe musternd, über das der sehr kleine Monarchenfuß spurlos geschritten war. Dann stand er auf dem Landungsponton, der unter ihm schwankte und schnalzte und gluckste, er spürte, wie sein Körper sich sanft hob, wie alles sich senkte, nicht tief, nicht bemerkenswert senkte, sondern lind und regelmäßig, weich wie Atemzüge. Und er spürte eine unverhoffte Müdigkeit, einen Zug in den Schultern, eine rieselnde Schwere des Körpers; er achtete nicht auf den gellenden Sturz der Möwen, er stand teilnahmslos da inmitten des sirenenzerrissenen Hafenmittags, mitten im Tuckern und Knattern, ein Fremder in all der geräuschvollen Herrlichkeit seebestimmter Arbeit. Da hörte er seinen Namen, hörte ihn heraufklingen aus einer schwarzen Barkasse. Ein Hüne mit kleinem Kopf und rosigem Kindergesicht rief ihn, und als der Mann hinabsah, vergewisserte sich der Barkassenführer:

»Bist du Hinrichs?«

»Ja«, sagte der Mann.

»Dann steig ein.«

Und er sprang in die Barkasse hinab, keine Laufplanke erleichterte es ihm, an Bord zu kommen, aber er landete gut

ELBE

auf den Bodenbrettern, balancierte sich aus. Der Hüne begrüßte ihn nicht, er stand schon am Ruder, er wirbelte das Ruderrad herum, schätzte mit schnellem Blick den Abstand nach beiden Seiten und manövrierte die Barkasse hinaus.

Sie fuhren quer über den Strom, an der Werft vorbei und weiter durch eine Schleuse, und schließlich waren sie am Ziel. Es war ein entlegenes Hafenbecken, windstill und tot, und es roch hier anders als auf dem Strom; es war nicht das milde Salz der Meerluft, nicht der Geruch von Teer und Terpentin, von Ruß und Bretterzeug, hier lag ein anderer Geruch. Hier bemerkte er nur Fäulnis und Verfall, schlappende Leblosigkeit; das Wasser war zäh, das Wasser war schmierig und ölbedeckt, Kohlstrünke trieben darauf, Büchsen und Abfallholz, keine Möwe ließ sich hier nieder. Es war noch alles, wie es am Ende des Krieges gewesen war, die Kaimauern waren zerschmettert, die Giraffenhälse der fahrbaren Kräne amputiert, verdreht und zerrissen, Lokomotiven lagen rücklings neben den Schienen, und im Wasser, vertäut noch, gespenstisch befestigt an Poller und Dalben, ruhten die Schiffe. Sie waren auseinandergebrochen, sie hatten sich auf die Seite gelegt, einige waren friedlich und senkrecht auf Grund gegangen, nur ein kleiner Passagierdampfer, der über das Heck gesunken war, hob seinen Bug verzweifelt heraus aus dem Wasser, und es sah aus, als hätte er im letzten Augenblick, da die Bombe ihn traf, Kurs auf den Himmel nehmen wollen. Eine der Schuten war gekentert, sie hing kieloben in ihrer Vertäuung, sie lag schwarz und gewaltig und tot da, wie ein Wal, der in rätselhaftem Entschluß seichtes Wasser gesucht hat, Sterbewasser, Todesstrand.

Die Barkasse glitt langsam durch das Becken der toten Schiffe, ihre Bugwellen wanderten kaiwärts, zogen schwappend und murmelnd durch verrostete Aufbauten, brachen sich, verliefen. Der Hüne stoppte den Motor, die Barkasse fuhr aus und ging beim Taucherprahm längsseits, der in

einer Ecke des Hafenbeckens vertäut lag; sie wurden schon erwartet.

Hamburger Hafenschlepper vor dem Kaiserkai.

Hinrichs begrüßte die Pumpenleute und den Signalmann, es war eine kurze Begrüßung, denn sie hatten einen Taucher runtergeschickt und verfolgten seine Arbeit auf dem Grund des toten, schwarzen Hafenbeckens. Und dann begrüßte er auch die anderen Männer auf dem Prahm, es waren ruhige, schweigsame Männer, alle jünger als er, alle stabiler. Sie gaben ihm die Hand, sie nickten ihm zu, sie zeigten auf die Anzahl der Wracks und ließen ihn stehen. Und der Hüne zeigte ihm sein Schapp, wo er seine Sachen loswerden konnte, sie hatten schon alles bereitgelegt für ihn und vorher zugepaßt, und er lächelte und sagte zu dem Hünen:

»Der Anzug hat nicht lange gelegen.«

»Nein«, sagte der Hüne.

»Ist mein Vorgänger weg?«

»Er hat nicht aufgepaßt. Er wurde bewußtlos nach einer Sprengung, und sein Kopf drückte das Helmventil auf. Er wollte die Sprengung unten abwarten, dabei ist es passiert. Er war zu alt.«

Hinrichs blickte auf den Taucheranzug, er hing glatt und grau an der Wand, er sah in dem schwachen Licht wie ein Mann aus, der sich erhängt hat. Hinrichs ging näher heran, er nahm den Taucheranzug vom Haken und trug ihn fast liebevoll ans Licht. Seine Hand fuhr prüfend über das derbe Gummi, fuhr hinauf bis zum Schulterstück, und der Hüne sah ihm nachdenklich zu. Und plötzlich sagte er:

»Wenn dein Vorgänger vor der Sprengung ausgetaucht wäre, hätte er den Anzug noch getragen. Er war der älteste Meister in der Firma, und du weißt, wie die Alten sind. Er hat sich zuviel zugetraut.«

»War das hier?«

»Es war drüben im Strom«, sagte der Hüne.

»Du sollst jetzt runter und nachschaun, was unten los ist mit dem Frachter, ob wir eine Trosse rumkriegen oder ob wir schneiden müssen.«

»Gut«, sagte Hinrichs. Und er zog seine alte Lederjoppe aus und die Stiefel und machte sich fertig, und der Hüne half ihm mit schweigender Selbstverständlichkeit. Sie hatten ein Modell des gesunkenen Dampfers angefertigt, sie gaben und erklärten es ihm, und er prägte sich alles ein und studierte das Modell wie einen Gegner. Und zum Schluß setzte ihm der Hüne den aus Kupfer getriebenen Helm auf, der Helm war herrlich und schwer und leuchtete in der Sonne; das Kopfstück wurde mit dem Schulterstück verschraubt, die Bolzen wurden angezogen und die Fenster eingesetzt, und jetzt war er allein und stimmlos und getrennt von der Welt.

Lektüre im Hafencafé:
Siegfried Lenz,
Der Mann im Strom

KIEL

Deutschland
Joachim Ringelnatz

Ausgang aufs offene Meer

Das erste Mal fuhr Joachim Ringelnatz 1901 als achtzehnjähriger Lehrmatrose zur See. Zu Beginn des Ersten Weltkriegs 1914, unterdessen war der ausgelernte Matrose Ringelnatz als Schaufensterdekorateur, Buchhalter, Hausbibliothekar, Fremdenführer und natürlich Schriftsteller tätig gewesen, unternahm er einen zweiten Versuch. Als Freiwilliger zur Kriegsmarine dachte er wie viele andere Intellektuelle »an Kriegsromantik und Heldentod, und meine Brust war bis an den Rand mit Begeisterung und Abenteuerlust gefüllt«. Im Hafen von Kiel führt er dann aber ein eher friedliches Matrosenleben, wie er in seinen Erinnerungen »Als Mariner im Krieg« berichtet.

Joachim Ringelnatz (1883–1934), geboren als Hans Bötticher. Sein Künstlername geht auf die seemännische Bezeichnung des Seepferdchens zurück.

In Friedrichsort wurden wir in der Festung in den alten, kalten, gewölbten Kasematten untergebracht, die anno 1683 unter Chrisian V. von den Dänen erbaut waren. Bootsmaat Stahlhut kam mit mir und achtzehn Mann zusammen in einen Raum. Die Leute mußten zum Teil in Hängematten schlafen. Stahlhut war erst 26 Jahre alt. Er saß allabendlich lange ganz traurig vor dem Bilde seiner gestorbenen Frau. Als Stubenältester übernahm ich Bettzeug, Geschirr und sonstiges Inventar, alles abgenutzte, schmutzige Sachen. [...]

Dadurch, daß wir im Fort nur Quartiergäste, dienstlich aber dem Minendepot unterstellt waren, fiel der Frühappell für uns weg. Man gab uns auch Garnisonurlaub. Um das Fährgeld zu sparen, ging ich zu Fuß über die imposante Hochbrücke bei Holtenau nach Kiel. Dort war großer Betrieb. Hinter der Mauer verteilten Herren, die die Armbinde des Roten Kreuzes trugen, Flugschriften an die weibergierigen Matrosen. In den Traktätchen wurde mit Schlagworten dazu aufgefordert, Laster und Sünden gegen geselligen Verkehr mit Gleichgesinnten und Stärkung durch Gottes Wort im Marineheim einzutauschen. [...]

Mehrmals wurde ich nach Kiel geschickt, um Kisten abzuholen oder zu befördern, beziehungsweise das Verladen zu beaufsichtigen. Die Beaufsichtigung aber unterließ ich, statt dessen schlich ich mich ins Hospiz oder in den Ratskeller, trank, wenn ich Geld hatte, Wein, aß Möweneier mit Spinat und dichtete. Kurz, es ging mir sündhaft gut. Und im Bewußtsein dessen und vom Weine ging mir manchmal das Herz über, und dann schüttete ich es vor den anderen fliegenden Maaten aus, was mir meistens hinterher Hohn, Neid und Undank einbrachte.

Ganz anders geht es in den Kieler Seemannsspelunken allerdings in Ringelnatz' fiktiven »Marine-Kriegsgeschichten« zu. In der Erzählung »Fahrensleute« genießt die Besatzung ihren Ausgang. Über der Eingangstür des Lokals hängt in einem Glaskasten ein stolzer Viermaster, der die Männer an ihre eigentliche Bestimmung erinnert.

Die andern Matrosen und Heizer unterstützten ihren Kameraden lachend und spottend, dabei halfen sie aber eifrigst die Fürknieptangbowle fördern. Das Kupferbecken wurde zu zwei Dritteln mit Rotwein gefüllt, auf die quer darüber

gelegte Zange eins von den Zuckerstückchen gesetzt und dieses mit Jamaika begossen, dann angezündet.

Ein langer, nur durch einen Ohrring auffallender Mann knipste das elektrische Licht ab und rief heiser: »Herr Stückmeister, Se hämm dat hier nich mit Schippsjungens tau dauhn!« Zum Erstaunen wie zur Besorgnis seiner Braut fuhr indes Herr Bindebein fort, die Leute durch Beleidigungen aufzureizen. »Was seid ihr denn anders? Süßwasserjungen, die keinen Langspliß zuwege bringen, keine Logleine aufschießen und eine Backspiere nicht von einer Handspake unterscheiden können«.

Bläulich beleuchtete, zornige Gesichter schauten abwechselnd bald drohend nach dem Deckoffizier, bald neugierig auf den Zucker, der in flammenden Tropfen herabschmolz, aufzischend in der blutfarbenen Flüssigkeit unterging.

Zwei Heizer stahlen sich davon, um eventuellen Tätlichkeiten auszuweichen. Aber Rolf Bindebein lenkte rechtzei-

Eine der Schmieden der kaiserlichen Flotte: die zum Krupp-Konzern gehörige Germania Werft.

tig zum Guten ein: »Skol, Jungens! Ich wollte nur erst mal die Lage peilen. Nun, ihr seid ehrliche Fahrensleute. Sakramento, pumpt euch die Klüsen voll.«

»Prosit Janmaate!« schrie Muky. Da klangen die Gläser.

»Sie sind alle schon einmal bei Wera Iwanowna in Odessa zu Gast gewesen, Muky. Sie segeln nach Melbourne, wie du nach dem Briefkasten läufst. – Das ist recht, Schmut, *give us a song*!«

Der Torpedokoch nahm die Ziehharmonika auf den Schoß: *»Yankeeships come down the river –«*

»Was haben Sie da für einen seltsamen Goldring?«

»Das ist ein Afrikaner, Fräulein Prinzessin, – – bitte. ich schenke Sie den Ring.«

»Der alte Ramox, Muky, –«

»Ramox?« fuhr der Halbnäsige auf, »Kapitän Ramox? Mit dem bin ich acht Monate Chinaküste gefahren. Das war einer. Wenn böses Wetter aufkam, dann stülpte er seinen riesigen Kalabreser auf und ging selbst ans Ruder. Dann fegte der Wind den Kalabreser über Bord; und Ramox ließ beidrehen und lavierte bei Tod-und Teufel-See so lange hin und her, bis der schäbige Filzdeckel wieder aufgepickt war.« –

Es baute sich eine Einmütigkeit zusammen, die ihresgleichen suchen mochte. Jeder meinte ersticken zu müssen, wenn er einmal länger als eine Minute nicht zu Worte kam. An das traurige Samoalied reihte man ohne Pause den lächerlichen Negertanz *Just because you made them googoo eyes*.

Als das zweite Stück Zucker seine Sternschnuppen in frische Weinmengen träufelte, rauchte Muky eine abscheuliche Pfeife aus dem Munde des täppisch karessierenden Tauchers zu Ende. [...]

Krieg und Handel in direkter Nachbarschaft: Germania Werft und Handelshafen in Kiel.

Draußen hub gerade die Turmuhr zu schlagen an. »Zwölf Uhr«, sagte Rolf und langte zwecks Kontrolle seine Uhr hervor, an deren Kette kein Appendix mehr hing.

»Nein, acht Glasen«, sagte der Funker ernst und horchte. Die sonderbare Wahrnehmung, daß die Kirchuhr in der Tat diesmal vier Doppelschläge tönen ließ, verursachte eine vorübergehende Bestürzung. Muky am Klavier: *Auf, Matrosen, die Anker gelichtet ...*

Der Halbnäsige hob, ohne auf das Gezeter der Wirtin zu achten, den Glaskasten von der Wand herab und stellte ihn mitten auf den Fußboden so heftig nieder, daß die gläsernen Wände in Scherben auseinander brachen.

Hierauf – und ausdrücklich bemerkt: in der vierten Minute des 29. Novembers 1915 – geschah es, daß die kleine Viermastbark sich zu dehnen begann, daß sie nach wenigen Sekunden die Größe einer Badewanne und in nochmal soviel Zeit den Umfang einer Dampfpinasse erreichte.

»Alle Mann an Bord!« Es entstand eine Panik. Angstlaute, Pfiffe, Kommandos, gegenseitiges Aneinanderprallen, – die Wirtin schrie nach Bezahlung. Aber die meisten Seeleute stürzten zunächst in ein und demselben Gedanken ans Klavier: Muky. Sie trugen das mutig lächelnde Mädchen trotz der drängenden Gefahr behutsamst auf den Segler. Dann schifften sie sich selbst ein; und jeder begab sich wie verabredet auf einen besonderen Posten, an die Brassen, in die Wanten hoch, auf Ausguck, ans Ruder, der Torpedokoch in die Kombüse, Herr Bindebein – Kapitän Bindebein aufs Achterdeck.

Unterdessen wuchs die Bark weiter in die Länge, Höhe und Breite, die Stühle, die beladenen Tische mit Getöse umkippend und beiseite schiebend. Schon stießen die Masten in die Decke, daß Kalkstücke herabprasselten. Der Besan hatte die Mißgeburt gespießt. Jetzt zerbrachen die schwellenden Schiffsplanken das Möblement an den Stubenwänden und preßten die dicke, quietschende Wirtin fest, platt. Ein Zivilist entging nur knapp dem gleichen Schicksal, indem er noch im kritischsten Moment aus der Tür schlüpfte. Als diese aufgerissen ward, brach ein ungeheurer Windstoß herein und ließ die Segel knattern, bis sie sich auf einmal zum Bersten voll steiften. Das Schiff kam in Fahrt. Die Raanocken zertrümmerten vorbeistreifend Fenster, Spiegel und Bilder und hauten die ausgestopften Tiere von den Wänden. So rammte der Viermaster wuchtig die nächste Wand ein, daß die Ziegel geborsten auseinander stoben, schoß quer über den Kirchplatz, auf der anderen Seite wieder in ein Haus hinein und durch dasselbe hindurch, nur einen Schutthaufen zurücklassend, und schlitterte nun die grausam gepflasterte John-Brinkmannstraße längs, wo der letzte Werftarbeiter, den man mitleidig mit an Deck gezogen hatte, verzweifelt seekrank wurde und kopfan über die Reling sprang. »Südwest zum Westen!«

»Heiß Großstengstagseil!« – »Zwei Strich Backbord!« – »Ahoi!«

Das rasende Schiff überrannte schreiende Menschen und durchgehende Pferde, teilte zermalmend eine Marschkolonne wahnsinnig erschrockener Trainsoldaten, jumpte über die Kaimauer platschend ins Wasser und lief nun mit verdoppelter Geschwindigkeit aus dem Hafen. Lief rücksichtslos, frech an signalisierenden oder schießenden Wachtschiffen vorbei, durchbrach unbeschadet ein entsetzlich krachendes Minenfeld und sonstige Hafensperren, jagte – immer mit vollen Segeln – quer durch eine Seeschlacht und von dannen, weit fort in die warme, blaue Ferne des Hochatlantiks, wohin kein Kanonendonner reicht, und wo wir alle einmal gewesen sind, in den süßesten Stunden unbewußter Kindheit.

Dort saß nun die Dame mit den fünf Leberfleckchen auf einem Teppich auf dem Achterdeck in der milden Sonne, und weil die Matrosen es nicht zuließen, daß ihre feinen Hände irgendwelche Schiffsarbeit anrührten, sie jedoch nicht müßig bleiben wollte, so zog sie ein Strickzeug hervor, um Strümpfe für die Seeleute zu fertigen. Rolf aber nahm ihr im Vorbeigehen die Wolle fort, und indem er diese ins Meer warf, sagte er glücklich: »Das einzige, was ihr zu geben vermögt, wonach sie sich sehnen, weil sie's entbehren, ist Liebe.«

Lektüre im Hafencafé:
Joachim Ringelnatz,
Als Mariner im Krieg und
Fahrensleute

BREMEN

DANZIG

Polen
Günter Grass

Ein feuchter Tod oder die Flucht nach Amerika

Ein Jahr vor Beginn des Ersten Weltkriegs flieht Joseph Koljaiczek, der Großvater von Grass' berühmtem Trommler Oskar Matzerath, mit riesigen Flößen die Mottlau hinunter Richtung Danzig. Im Hafen der zu diesem Zeitpunkt noch deutschen Stadt wohnt eine begeisterte Menge der Taufe eines weiteren Schiffes der kaiserlichen Flotte bei. Der Zugang zum Meer ist verbaut. Die Flucht Koljaiczeks scheint im Hafen ein Ende zu finden.

Meinem Großvater fielen erst hinter Dirschau seine Beschatter auf. Er hatte sie erwartet. Eine ihm zeitweilig anhaftende Trägheit, die an Schwermut grenzte, mag ihn daran gehindert haben, bei Letzkau etwa oder Käsemark einen Ausbruchsversuch zu wagen, der in so vertrauter Gegend mit Hilfe einiger ihm gewogener Flißacken noch möglich gewesen wäre. Ab Einlage, als sich die Flöße langsam und einander stoßend in die Tote Weichsel schoben, lief auffällig unauffällig ein Fischerkutter, der viel zuviel Besatzung an Bord hatte, neben den Flößen her. Kurz hinter Plehnendorf schossen die beiden Motorbarkassen der Hafenpolizei aus dem Schilfufer und rissen, beständig kreuz und quer hetzend, das immer brackiger den Hafen ankündigende Wasser der Toten Weichsel auf. Hinter der Brücke nach Heubude begann die Absperrkette der »Blauen«. Holzfelder gegenüber der Klawitterwerft, die kleineren Bootswerften, der immer breiter werdende, zur Mottlau hindrängende Holzhafen, die Anlegebrücken verschiedener Sägereien, die Brücke der eigenen Firma mit den wartenden Angehörigen und überall »Blaue«, nur drüben bei Schichau nicht, da war alles geflaggt, da war etwas anderes los, da sollte wohl etwas vom Stapel laufen, da war viel Volk, das regte die Möwen auf, da wurde ein Fest gegeben – ein Fest für meinen Großvater?

Günter Grass (geb. 1927). Seine Kindheit in Danzig inspirierte den deutschsprachigen Schriftsteller zu seinem berühmtesten Roman *Die Blechtrommel*.

Erst als mein Großvater den Holzhafen voller blau Uniformierter sah, als die Barkassen immer unheilverkündender ihren Kurs nahmen und Wellen über die Flöße warfen, erst als er den ganzen kostspieligen Aufwand begriff, der ihm zuteil wurde, da erst erwachte sein altes Koljaiczeksches Brandstifterherz, und er spuckte den sanften Wranka aus, entschlüpfte dem freiwilligen Feuerwehrmann Wranka, sagte sich lauthals und ohne Stocken vom stotternden Wranka los und floh, floh über die Flöße, floh über weite, schwankende Flächen, barfuß über ein ungehobeltes Parkett, von Langholz zu Langholz Schichau entgegen, wo die Fahnen lustig im Winde, über Hölzer vorwärts, wo etwas auf Stapel lag, Wasser hat dennoch Balken, wo sie die schönen Reden hielten, wo niemand Wranka rief oder gar Koljaiczek, wo es hieß: Ich taufe dich auf den Namen SMS Columbus, Amerika, über vierzigtausend Tonnen Wasserverdrängung, dreißigtausend PS, Seiner Majestät Schiff, Rauchsalon erster Klasse, zweiter Klasse Backbordküche, Turnhalle aus Marmor, Bücherei, Amerika, Seiner Majestät Schiff, Wellentunnel, Promenadendeck, Heil dir im Siegerkranz, die Göschflagge des Heimathafens, Prinz Heinrich steht am Steuerrad und mein Großvater Koljaiczek barfuß, die Rundhölzer kaum noch berührend, der Blasmusik entgegen, ein Volk

das solche Fürsten hat, von Floß zu Floß, jubelt das Volk ihm zu, Heil dir im Siegerkranz, und alle Werftsirenen und die Sirenen der im Hafen liegenden Schiffe, der Schlepper und Vergnügungsdampfer, Columbus, Amerika, Freiheit und zwei Barkassen vor Freude irrsinnig neben ihm her, von Floß zu Floß, Seiner Majestät Flöße und schneiden ihm den Weg ab und machen den Spielverderber, so daß er stoppen muß, wo er so schön im Schwung war, und steht ganz einsam auf einem Floß und sieht schon Amerika, da sind die Barkassen längsseit, da muß er sich abstoßen – und schwimmen sah man meinen Großvater, auf ein Floß schwamm er zu, das in die Mottlau glitt. Und mußte tauchen wegen Barkassen und unten bleiben wegen Barkassen, und das Floß schob sich über ihn und wollte nicht mehr aufhören, gebar immer ein neues Floß: Floß von deinem Floß, in alle Ewigkeit: Floß.

Das Wahrzeichen des Danziger Hafens: das Krantor aus dem 15. Jahrhundert ist Stadttor und Kran zugleich.

DREYLING & C
Grabstein & Steinmetzwerk
Speicherei Aktiengesellsch

Die Barkassen stellten ihre Motoren ab. Unerbittliche Augenpaare suchten auf der Wasseroberfläche. Doch Koljaiczek hatte sich endgültig verabschiedet, hatte sich der Blechmusik, den Sirenen, den Schiffsglocken und Seiner Majestät Schiff, der Taufrede des Prinzen Heinrich und den irrsinnigen Möwen Seiner Majestät, hatte sich Heil dir im Siegerkranz und der Schmierseife Seiner Majestät für den Stapellauf Seiner Majestät Schiff, hatte sich Amerika und der »Columbus«, hatte sich allen Nachforschungen der Polizei unter dem endlosen Holz entzogen.

Man hat die Leiche meines Großvaters nie gefunden. Ich, der ich fest daran glaube, daß er unter dem Floß seinen Tod schaffte, muß mich, um glaubwürdig zu bleiben, hier dennoch bequemen, all die Versionen wunderbarer Rettungen wiederzugeben.

Da hieß es, er habe unter dem Floß eine Lücke zwischen den Hölzern gefunden; von unten her gerade groß genug, um die Atmungsorgane über Wasser halten zu können. Nach oben hin soll sich die Lücke dergestalt verengt haben, daß es den Polizisten, die bis in die Nacht hinein die Flöße und sogar die Schilfhütten auf den Flößen absuchten, unsichtbar blieb. Dann, im Schutz der Dunkelheit – so hieß es weiter –, habe er sich treiben lassen, habe zwar erschöpft, doch mit einigem Glück das andere Mottlauufer und das Gelände der Schichauwerft erreicht, habe dort im Schrottlager Unterschlupf gefunden und sei später, wahrscheinlich mit Hilfe griechischer Matrosen, auf einen jener schmierigen Tanker gelangt, die schon manch einem Flüchtling Schutz geboten haben sollen.

Andere behaupteten: Koljaiczek, der ein guter Schwimmer mit einer noch besseren Lunge war, unterschwamm nicht nur das Floß; auch die beträchtliche restliche Breite der Mottlau durchtauchte er, schaffte mit Glück das Festgelände der Schichauwerft, mischte sich dort, ohne Aufsehen zu erregen, unter die Werftarbeiter und schließlich unters begeisterte Volk, sang mit dem Volk »Heil dir im Siegerkranz«, hörte sich noch beifallsfreudig des Prinzen Heinrich Taufrede auf Seiner Majestät Schiff »Columbus« an, verdrückte sich nach geglücktem Stapellauf mit der Menge in halb getrockneten Kleidern vom Festgelände und avancierte am nächsten Tag schon – hier trifft sich die erste mit der zweiten Rettungsversion – zum blinden Passagier auf einem der berühmt-berüchtigten griechischen Tanker.

Der Vollständigkeit halber sei hier noch die dritte unsinnige Fabel erwähnt, die meinen Großvater gleich Treibholz in die offene See treiben ließ, wo ihn prompt Fischer aus Bohnsack auffischten und außerhalb der Dreimeilenzone einem schwedischen Hochseekutter übergaben. Dort, auf dem Schweden, ließ ihn die Fabel dann langsam und wunderbarerweise wieder zu Kräften kommen, Malmö erreichen – und so weiter und so weiter.

Das alles ist Unsinn und Fischergeschwätz. Auch gebe ich keinen Pfifferling für die Aussagen jener in allen Hafenstädten gleich unglaubwürdigen Augenzeugen, welche meinen Großvater kurz nach dem Ersten Weltkrieg in Buffalo USA gesehen haben wollen. Joe Colchic soll er sich genannt haben. Holzhandel mit Kanada gab man als sein Gewerbe an. Aktien bei Streichholzfirmen. Begründer von Feuerversicherungen. Schwerreich und einsam beschrieb man meinen Großvater: in einem Wolkenkratzer hinter riesigem Schreibtisch sitzend, Ringe mit glühenden Steinen an allen Fingern tragend, mit seiner Leibwache exerzierend, die Feuerwehruniform trug, polnisch singen konnte und Phönixgarde hieß.

Lektüre im Hafencafé:
Günter Grass,
Die Blechtrommel

LONDON

Großbritannien
Joseph Conrad

Langsam erwachen die Docks

Wenige Häfen waren so berüchtigt wie die Londoner Docks, heimgesucht von Jack the Ripper, Schauplatz unzähliger Deportationen in die Kolonien, Heimat der verrufensten Gin-Spelunken. Und heute? Abgesehen von Sportschiffen und Ausflugsdampfern legt kein Schiff mehr an. In dem zu einem schicken Büro- und Wohnviertel mutierten Areal werden weder Gewürze gehandelt noch Leichen entsorgt, noch nehmen große Reisen hier ihren Anfang. Lange vorbei ist die Zeit, da Joseph Conrad selbst als junger Seemann ausfuhr und später seine literarischen Helden ausfahren ließ in die Häfen der Welt und in das »Herz der Finsternis«. In seinem weniger bekannten Werk »Spiel des Zufalls« beschreibt Joseph Conrad einen Morgen auf den Docks um 1900 und die Ausfahrt aus dem damals größten Hafen der Welt in Richtung Themse-Mündung.

Der Morgen war klar, farblos, mit grauem Himmel; das Dock glich einer dunklen Glasscheibe, in der sich auf dem Kopf stehende Widerspiegelungen von Speichern, von Rümpfen und Masten schweigender Schiffe zusammendrängten. Nur hier und dort bewegten sich ein paar Gestalten auf den entfernt liegenden Kais. Ein Trupp Männer stand längsseits

◄ Schwertransport im Londoner Hafen.

Joseph Conrad
(1857–1924)

mit Seesäcken und Holzkisten zu ihren Füßen. Andere kamen den Weg zwischen den hohen, fensterlosen Wänden herunter, zwischen sich einen Handkarren, der mit weiteren Säcken und Kisten beladen war. Die Besatzung der »Ferndale«. Sie kam langsam an Bord. Er musterte die Gesichter der Leute, während sie nach vorn gingen und das geräumige Deck mit dem Schurren ihrer Füße und dem Gemurmel ihrer Stimmen erfüllten, als erwache eine Welt zum Leben, die gleich darauf ins All entsandt werden sollte.

Weit unten auf der glasklaren Wasserstrecke in der Mitte des langen Docks beobachtete Mr. Powell die Schleppdampfer, die ruhig durch das offene Schleusentor kamen. Eine gedämpfte Stimme hinter ihm unterbrach ihn in seiner Betrachtung. Es war Franklin, der dicke Erste Offizier, der ihn mit einem aufmerksam abschätzenden Blick seiner hervorstehenden schwarzen Augen ansprach. »Sie nehmen am besten zwei von den Leuten mit und passen achtern auf. Wir fieren ab.«

»Jawohl, Sir«, sagte Powell mit dem nötigen Diensteifer, aber einen Moment lang blieben sie dort stehen und sahen einander fest an. Etwas wie ein leises Lächeln veränderte die Lippenstellung des Ersten Offiziers, bevor er lebhaften Schritts nach vorn ging.

Mr. Powell stieg zum Poopdeck hinauf und fuhr mit der Hand an seine Mütze, als er Kapitän Anthony erblickte, der sich ganz allein dort aufhielt. Er erzählte mir, daß er seinen Kapitän eigentlich erst hier zum erstenmal sah. Der Tag zuvor im Seemannsamt, bei dem schlechten Licht und seiner Aufregung über diesen Posten, den er wie durch ein jäh und bedenkenlos herbeigeführtes Wunder erhalten hatte, zählte nicht. Da war er ihm viel älter und korpulenter erschienen. Er war überrascht über die schlanke Figur, die breiten Schultern und die schmalen Hüften, über das Feuer in den tiefliegenden Augen, die Elastizität des Ganges. Der Kapitän sah

ihn fest an, nickte leicht und schritt dann mit einer Miene, als nehme er das, was um ihn her vorging, nicht wahr, mit hoch erhobenem Kopf und schnellen Bewegungen auf dem Poopdeck hin und her.

Morgens auf der *Isle of Dogs* im Londoner Hafen.

Powell musterte ihn insgeheim mehrmals mit einer Neugier, die unter den Umständen natürlich war. Er trug eine kurze graue Jacke und eine graue Mütze. Im Licht der Morgendämmerung, das eher durchsichtiger als heller wurde, bemerkte Powell die leicht eingefallenen Wangen unter dem gestutzten Bart, die senkrechte Falte auf der Stirn, den harten, entschlossenen Zug um den Mund.

Es war noch zu früh, als daß die Arbeit am Dock begonnen hätte. Das Wasser glänzte still, auf den langen, geraden Linien der Kais rührte sich nichts; niemand war zu sehen,

außer den paar Hafenarbeitern längsseits der »Ferndale«, die ihre Arbeit kannten und zumeist schwiegen oder nur in leisem Ton ein paar Worte miteinander wechselten, als wüßten auch sie von der Dame, »die nicht gestört werden durfte«. Die »Ferndale« war das einzige Schiff, das mit dieser Flut segelte. Die anderen Schiffe schienen noch zu schlafen und lagen lautlos da, nur hier und dort kam eine Gestalt aufs Vorderdeck und lehnte sich auf die Reling, um dem Vorgang in genießerischem Müßiggang zuzusehen. Ohne Schwierigkeiten und ohne Aufhebens, fast geräuschlos lief die »Ferndale« aus, als stehle sie sich davon. Sogar die Schleppdampfer, die ihre Maschinen jetzt abgestellt hatten, näherten sich ihr ohne ein Plätschern; der plump aussehende Raddampfer gierte vorwärts, während der andere, ein Schraubendampfer, der kleiner und von schlankerer Form war, so sanft auf ihr Heck zukam, daß er das glatte Wasser nicht zerteilte, sondern auf dessen Oberfläche wie auf einer Glasscheibe dahinzugleiten schien – ein Mann am Bug, der Schiffer am Ruder waren über dem weißen Schirm der Brücke nur von der Taille an aufwärts sichtbar, und beide blickten so ruhig, daß der junge Powell fasziniert in eine sonderbare Selbstvergessenheit und Reglosigkeit versank. Er war eingetaucht, versunken in die allgemeine Stille; ihm fiel die Bemerkung ein: »Sie ist eine Dame, die nicht gestört werden darf«, und er wiederholte träge für sich: »Nein. Sie wird nicht gestört werden. Sie wird nicht gestört werden.« Dann ließen ihn die ersten lauten Worte an diesem Morgen zusammenzucken, welche die seltsame Stille der Abfahrt mit dem scharfen Anruf unterbrachen: »Geben Sie auf das Tau acht!« Das Tau sauste an seinem Kopf vorbei, einer der Matrosen fing es auf, und zu Ende war es mit der Bezauberung, der Ruhe des Gemüts, die ihn genau im Augenblick des Auslaufens unversehens überkommen hatte. Von diesem Moment an bis zwei Stunden danach, als das Schiff in eine der unteren Stromstrecken der Themse gebracht war, einem wohl unbewohnten Ufer gegenüber, in der Nähe einer Art Einfahrt, in der nur zwei vor Anker liegende Schleppkähne zu sehen waren, die eine rote Fahne führten, war Powell zu beschäftigt, um an die Dame, »die nicht gestört werden darf«, an seinen Kapitän oder an irgend etwas anderes zu denken, was nichts mit seinen unmittelbaren Pflichten zu tun hatte. [...]

Wie es so oft nach einem grauen Tagesanbruch geschieht, war die Sonne in warmer, strahlender Pracht über der riesigen, glänzenden Glätte der weiten Flußmündung aufgestiegen. Nebelfetzen flossen dahin wie Streifen von leuchtendem Staub, und in dem blendenden Widerschein von Wasser und Dunst hatten die Ufer die düstere, halb durchsichtige Dunkelheit geheimnisvoll von unten geworfenen Schattens. Powell, der während seines ganzen jungen Seemannslebens aus London abgesegelt war, erzählte mir, daß sich ihm in einem Augenblick hingerissenen Schauens etwa eine Stunde nach Sonnenaufgang der Fluß zum erstenmal für immer enthüllte, so wie man bei einem oft schon gesehenen schönen Gesicht plötzlich erkennt, daß es der Ausdruck einer unerwarteten inneren Schönheit ist, jenes einzigartigen, einmaligen Etwas, das leidenschaftliche Verwunderung und Treue und zugleich eine unauslöschliche Erinnerung an seinen Zauber hervorruft. Der Rumpf der »Ferndale«, deren Bug nach Osten gedreht war, fing das Licht auf; ihre hohen Rundhölzer und das Takelwerk waren von der glitzernden Wasserlinie bis zu den Flaggenknöpfen, die sich klein und glänzend von der zarten blauen Weite abhoben, in ein rotgoldenes Bad getaucht.

Lektüre im Hafencafé:
Joseph Conrad, *Spiel des Zufalls*

DOWNTOW
SKYPOR

NEW YORK

Vereinigte Staaten
Louis-Ferdinand Céline

Ankunft in der senkrechten Stadt

Nirgends ist der Unterschied zwischen Ankunft und Abfahrt drastischer als im Hafen von New York: Scott und Zelda Fitzgerald meinten auf den Docks schon den Geist Europas zu spüren, Jack Kerouacs Alter ego Jack Duluoz wähnte sich auf den Spuren Melvilles – als Tor zu Urlaub und Abenteuer stand der Hafen für Amerikaner weit offen. Für die Ankommenden jedoch war er das Nadelöhr, das sie auf dem Weg in eine bessere Zukunft passieren mußten.

Bardamu, dem Helden aus Louis Ferdinand Célines »Die Reise ans Ende der Nacht«, wird das Leben in Europa nach den Erlebnissen auf den Schlachtfeldern des Ersten Weltkriegs unerträglich. Nach einer Reise in die Kolonien erblickt er, noch immer vom Tropenfieber gepackt, schließlich New York. Bevor er die Stadt betreten darf, muß er mehr Zeit als andere Auswanderer und Flüchtlinge auf Ellis Island verbringen.

Das war vielleicht eine Überraschung! Was wir da so unvermittelt im Dunst entdeckten, war so erstaunlich, daß wir uns erst weigerten, es zu glauben, aber dann, als wir näher an der Sache dran waren, mußten wir loslachen, sogar wir Galeerensklaven, als wir das sahen, direkt vor uns …

Man muß sich vorstellen, daß denen ihre Stadt aufrecht stand, absolut gerade. New York ist eine senkrechte Stadt. Wir hatten natürlich schon Städte gesehen, schöne auch, und Häfen, sogar berühmte. Aber bei uns, nicht wahr, da liegen die Städte, liegen am Meer oder an den Ufern eines Flusses, sie räkeln sich in der Landschaft, erwarten den Reisenden willig, während diese Amerikanerin hier durchaus nicht schwach war, nein, sie stand starr da vor uns, machte absolut nicht die Beine breit, stand so starr, daß man es mit der Angst zu tun bekommen konnte.

Also lachten wir wie die Idioten. Klar wirkt das komisch, so eine steife Stadt. Allerdings konnten wir nur vom Hals an aufwärts über dieses Schauspiel lachen, wegen der Kälte, die vom offenen Meer herankam, durch dichten graurosa Nebel, schnell und schneidend kroch das in unseren Hosen hoch und schoß in die Spalten zwischen den Mauern, in die Straßen der Stadt, wohin der Wind auch die Wolken trieb. Unsere Galeere folgte dem schmalen Fahrwasser bis dicht vor die Mole, dort, wo scheißbraunes Wasser dümpelte, überschwärmt von einer gierigen, lüsternen Schar kleiner Kähne und Schlepper.

Für einen armen Schlucker ist es nie so leicht, irgendwo von Bord zu gehen, aber für einen Galeerensklaven ist es noch viel schlimmer, vor allem, weil die Amerikaner Galeerensklaven aus Europa absolut nicht mögen. »Alles Anarchisten«, sagen sie. Eigentlich wollen sie nur Neugierige aufnehmen, die Knete ins Land bringen, denn sämtliche Währungen Europas sind für sie nur Söhne des Dollars.

Ich hätte vielleicht versuchen können, was anderen vor mir auch schon gelungen war, nämlich den Hafen zu durchschwimmen und dann, auf dem Kai, zu schreien: »Es lebe der Dollar! Es lebe der Dollar!« Ein Trick. Viele Leute sind auf diese Weise an Land gekommen und haben danach ein Vermögen gemacht. Sicher ist das nicht, es wird nur erzählt.

Der letzte Schritt in die Freiheit: Fährbetrieb zwischen Ellis Island und New York.

In Träumen kommt ja noch viel Verrückteres vor. Ich hatte einen anderen Plan im Kopf, zusammen mit dem Fieber.

Auf der Galeere hatte ich gelernt, Flöhe zu zählen, und zwar gründlich (also sie nicht nur zu fangen, sondern durch Addition und Subtraktion regelrechte Statistiken über sie zu erstellen), ein umständliches Handwerk, das nach nichts aussieht, aber eine eigene Technik darstellt; das wollte ich nutzen. Von den Amerikanern kann ma ja sagen, was man will, aber was Technik angeht, da sind sie Kenner. Meine Flohzähltechnik würde ihnen wahnsinnig gut gefallen, das wußte ich schon jetzt. Das konnte gar nicht schiefgehen meiner Meinung nach. [...]

Endlich kam der Kommandant der Station höchstpersönlich. Sie nannten ihn den »Surgeon General«, was ein schöner Name für einen Fisch wäre. Er war grob, aber wußte besser als die anderen, was er wollte. »Was erzählen Sie da für Geschichten, mein Junge?«, fragte er mich, »Sie können Flöhe zählen? Na, na ...!« Er hielt das für ein Märchen und wollte mich aus dem Konzept bringen. Aber ich hielt ihm munter die kleine Rede, die ich mir zurechtgelegt hatte. »Ich glaube an die Flohzählung! Sie ist ein Beitrag zur Zivilisation, denn die Zählung bietet ein unschätzbar wertvolles statistisches Material! … Ein fortschrittliches Land muß die Zahl seiner Flöhe kennen, aufgeteilt nach Geschlechtern, Altersgruppen, Jahren und Jahreszeiten …«

»Schon gut, schon gut! Genug palavert, junger Mann!«, unterbrach mich der Surgeon General. »Wir hatten vor Ihnen schon genug andere Witzbolde aus Europa hier, die uns solche Ammenmärchen aufgetischt haben, aber das waren alles Anarchisten, die einen wie die anderen, die einen schlimmer als die anderen … Die glaubten nicht mal mehr an die Anarchie! Schluß jetzt mit der Aufschneiderei! … Morgen stellen wir Sie bei den Emigranten gegenüber in Ellis Island auf die Probe, im Duschtrakt! Mein Stellvertreter und Assistant, Mr. Mischief, wird mir berichten, ob Sie gelogen haben oder nicht. Er fordert bei mir schon seit zwei Monaten einen Mitarbeiter zum Flöhezählen an. Wir schikken Sie versuchsweise hin! Weggetreten! Und wenn Sie uns belogen haben, schmeißen wir Sie ins Wasser! Weggetreten! Und aufgepaßt!«

Ich bin vor diesem hohen amerikanischen Tier weggetreten, wie ich schon vor so manchem hohen Tier weggetreten bin, erst hab ich ihm meinen Schniedel präsentiert, dann, nach einer flinken halben Drehung, meinen Hintern, das Ganze mit militärischem Gruß.

Ich dachte, die Idee mit der Statistik würde mich ebenso gut wie jede andere näher an New York heranbringen. Gleich am nächsten Tag informierte mich Mischief, der fragliche Stellvertreter, kurz über meine Aufgabe, fett und gelb war dieser Mann und so kurzsichtig, wie mans nur sein kann, er trug eine riesige, dunkel getönte Brille. Er mußte mich so erkennen, wie wilde Tiere ihre Beute erkennen, und zwar am allgemeinen Gebaren, denn Einzelheiten sehen, das ging mit so einer Brille, wie er sie trug, nicht.

Über meinen Job verständigten wir uns mühelos, und ich glaube, gegen Ende meiner Tätigkeit empfand dieser Mischief für mich sogar viel Sympathie. Einander nicht zu sehen ist schon mal eine gute Voraussetzung für Sympathie, und vor allem nahm ihn meine bemerkenswerte Art, Flöhe zu fangen, für mich ein. Keiner in der ganzen Station war so gewandt wie ich, wenn es galt, sie in den Kasten zu bekommen, die widerspenstigsten, die ganz fest mit den Haaren verwachsenen, die hurtigsten, ich war imstande, sie noch am Leib des Emigranten nach Geschlechtern zu sortieren. Eine großartige Leistung, das darf ich wohl behaupten ... Am Ende verließ sich Mischief voll und ganz auf mein Geschick.

Abends taten mir von der ganzen Flohknackerei die Nägel von Daumen und Zeigefinger weh, doch war meine Arbeit noch nicht vollbracht, das Wichtigste stand nämlich noch aus, die tägliche Verbuchung in Spalten: Polnische Flöhe hier, jugoslawische dort ... spanische ... Sackratten von der Krim ... Krätzmilben aus Peru ... Alles, was an stechenden blinden Passagieren auf der Menschheit in wilder Flucht mitreist, gin über meine Nägel. Wie man sieht, ein zugleich monumentales und höchst pedantisches Werk. Unsere Abschlußberechnungen wurden dann in New York in einer Spezialabteilung durchgeführt, die über elektrische Flohzählmaschinen verfügte. Täglich schipperte der kleine »Quarantänedampfer« quer über die Bucht und brachte unsere Berechnungen hinüber, auf daß sie vollendet und nachgeprüft würden.

So verging Tag um Tag, ich erholte mich wieder etwas, doch je weniger ich in diesem komfortablen Dasein fieberte und fabulierte, desto unausweichlicher machte sich mein Drang nach dem Abenteuer und nach neuen Dummheiten bemerkbar. Bei 37° wird alles banal.

Louis-Ferdinand Céline (1894–1961) während eines Besuchs in New York.

Dabei hätte ich hier bleiben können, in aller ungestörter Ruhe, ordentlich mit dem Futter der Station verpflegt, um so mehr, als die Tochter von Major Mischief, und zwar im Glanze ihrer fünfzehn Jahre, ich weiß es noch genau, täglich nach fünf Uhr nachmittags vor dem Fenster unseres Büros Tennis spielte, in extrem kurzen Röckchen. [...]

Das waren die Hoffnungen, die ich hegte, als sich in der dreiundzwanzigsten Woche die Ereignisse überstürzten. Der Kollege, der die Statistiken in die Stadt hinüberfuhr, ein Armenier, wurde unerwartet befördert, nach Alaska, als Flohzähler für die Schlittenhunde der Goldgräber.

Eine schöne Beförderung war das, und er war auch ganz entzückt darüber. Die Schlittenhunde von Alaska sind in der Tat sehr wertvoll. Die braucht man immer. Man pflegt sie gut. Auf die Emigranten hingegen scheißt man. Von denen gibt es immer zu viele.

Da wir jetzt niemanden mehr zur Verfügung hatten, um unsere Berechnungen nach New York zu bringen, bestimmte das Büro ohne lange Umstände mich dazu. Mischief, mein Chef, drückte mir zum Abschied die Hand und ermahnte mich, in der Stadt auch ja brav und anständig zu sein. Das war der letzte Rat, den dieser ehrenwerte Mann mir gab, und so wenig, wie er mich jemals gesehen hatte, so wenig sah er mich je wieder. Sobald wir anlegten, brach ein Sturzregen über uns los und hatte meine dünne Jacke schnell durchweicht und meine Statistiken ebenso, sie lösten sich in meiner Hand nacheinander auf. Ein paar behielt ich trotzdem, zu einer dicken Rolle gedreht, und steckte sie mir in die Tasche, so daß sie herausragten, damit ich irgendwie von ferne noch aussah wie ein Geschäftsmann aus der City, und voller Angst und Aufregung eilte ich neuen Abenteuern entgegen.

Lektüre im Hafencafé:
Louis-Ferdinand Céline,
Reise ans Ende der Nacht

HAVANNA

Kuba
Ernest Hemingway

Nach der Abfahrt der Französinnen

Ernest Hemingway (1899–1961) unterwegs im Fond eines Autos.

Kuba wird den Amerikaner Hemingway einfach nicht los. Sehr zum Leidwesen Leonardo Paduras, der mit der Veröffentlichung seines Romans »Adiós Hemingway« versucht, den bösen Geist auszutreiben. Einem jungen Mann begegnet der amerikanische Literat im Hafen von Havanna wenig heroisch: »Er hatte etwas von einem Weihnachtsmann, dieser bärtige und ein wenig schmuddelige Alte mit den großen Händen und Füßen.«

Welten liegen zwischen diesem Hafenclochard und dem Helden in Hemingways posthum veröffentlichtem Roman »Inseln im Strom«. Hemingways Romanheld kehrt nach dem Ende der amerikanischen Herrschaft 1934 zurück in den Hafen Havannas. Doch nichts ist mehr, wie es war – zumindest im Rotlichtviertel. Das »Bordell von Südamerika« zwang im Zuge einer rigiden Sittenpolitik die in Mittel- und Südamerika allgegenwärtigen französischen Prostituierten zur Abreise.

Er nahm einen großen Schluck aus dem Glas, und es schmeckte sauber und kalt und frisch in seinem Mund. Es war wirklich der schlimmste Teil der Strecke. Die Straßenbahn fuhr hier, die Autos drängten sich, Stoßstange gegen

Stoßstange am Eisenbahnübergang, wenn die Schranken geschlossen waren. Voraus und hinter den Kolonnen der Autos und Lastwagen, die zum Stehen gekommen waren, lag der Hügel mit der Burg von Atares, wo sie Colonel Crittenden und die anderen erschossen hatten, als die Landung bei Bahía Honda mißlungen war. Das war vierzig Jahre vor seiner Geburt gewesen, und sie hatten 122 amerikanische Freiwillige am Fuß des Hügels erschossen. Dahinter jagte der Rauch aus den riesigen Schornsteinen der Havana Electric Company quer über den Himmel, und dann lief der Highway unter der kopfsteingepflasterten Unterführung durch und am oberen Hafen entlang, wo das Wasser genauso schwarz und ölig war, als hätten sie den Bodensatz aus den Tanks eines Öltankers gepumpt. Die Schranken öffneten sich, sie fuhren wieder an, und jetzt waren sie vor dem Nordsturm geschützt. Sie kamen an den hölzernen Rümpfen der armseligen und grotesken Handelsflotte, die unter dem Krieg gelitten hatte, vorbei. Sie lagen an den desinfizierten, hölzernen Piers, und der Hafenschmutz, schwärzer als Kreosot und faul wie aus einer Kloake, trieb unter den Rümpfen dahin. Einige der Schiffe erkannte er wieder. Eines, ein alter Kasten, war groß genug gewesen, daß sich ein Unterseeboot mit ihm befaßt hatte, und das Unterseeboot hatte ihn beschossen. Er führte eine Decksladung Holz und war eingelaufen, um Zucker zu laden. An den Flicken konnte Thomas Hudson sehen, wo die Einschläge gewesen waren, und er mußte an die Chinesen denken, die noch gelebt hatten, und an die toten Chinesen an Deck, als sie draußen auf See längsseits gegangen waren, und er sagte zu sich: ich dachte, du wolltest heute nicht an die See denken. Es hilft nichts, du siehst sie ja, sagte er zu sich, aber die auf See sind, sind immer noch besser daran als diejenigen, an denen wir hier vorbeifahren. Außerdem ist dieser Hafen, der seit dreihundert oder vierhundert Jahren vor sich hin gam-

Eine der berühmtesten Uferpromenaden der Neuen Welt: der Malecón von Havanna.

melt, gar nicht das Meer, und in der Einfahrt ist er auch sauber. Drüben, auf der Casablanca-Seite, ist es überhaupt nicht so schlecht. Dort hast du schon hübsche Nächte verbracht, und du weißt's.

»Sehen Sie mal, da«, sagte er. Der Chauffeur, der merkte, daß Thomas Hudson hinübersah, wollte das Auto anhalten, aber er sagte ihm, daß er weiterfahren solle. »Wir müssen zur Botschaft«, sagte er. [...]

Sie waren in die Straße San Isidro eingebogen, unterhalb des Hauptbahnhofs und gegenüber der Einfahrt zu den alten P. & O.-Docks, wo die Schiffe aus Miami und Key West früher lagen und wo der Terminal der Pan American Airways gewesen war, als sie noch mit den alten Clippern geflogen waren. Jetzt, wo die Schiffe der P. & O. von der Marine übernommen waren und die DC-2 und DC-3 der Pan American auf dem Rancho Boyeros-Flughafen landeten, hatten die kubanische

Navy und die Coast Guard ihre Unterseebootjäger festgemacht, wo die Clipper früher gewassert hatten.

Diesen Teil des Hafens von Havanna kannte Thomas Hudson von früher her am besten. Der Teil, den er jetzt sehr gern mochte, war damals einfach die Straße nach Matanzas gewesen; ein scheußliches Viertel, die Burg von Atares, eine Vorstadt, deren Namen er nicht wußte, und dann die Ziegelstraße mit den kleinen Ortschaften, eine hinter der anderen. Man fuhr zu schnell durch sie hindurch, um eines dieser Nester vom anderen zu kennen. Damals hatte er jede Kneipe in diesem Viertel gekannt, und San Isidro war die große Bordellstraße am Hafen gewesen. Jetzt war sie tot; kein Haus, das noch in Betrieb war. Es war alles wie ausgestorben, seit sie die Bordelle geschlossen und alle Huren nach Europa zurückgeschickt hatten. Die große Einschiffung hatte ihn an Villefranche erinnert, nur daß es dort gerade umgekehrt gewesen war: die Schiffe der amerikanischen Mittelmeerflotte waren ausgelaufen, und die Mädchen hatten ihnen nachgewinkt. Als das französische Schiff mit den Mädchen Havanna verließ, war der ganze Hafen voll Leute, und es waren keineswegs nur Männer, die ihnen Adieu gesagt und von der Pier, der Mole, vom ganzen Hafen her gewinkt hatten. Ganze Mietbarkassen und Ruderboote voll junger Mädchen hatten das Schiff umkreist und bis zur Einfahrt begleitet, und er erinnerte sich, wie traurig das Ganze gewesen war, obgleich viele Leute es für einen Mordsspaß gehalten hatten. Er hatte nie verstanden, wieso Huren ein Spaß waren. Aber wahrscheinlich war ihre Abfahrt wirklich sehr komisch, doch als sie weg waren, waren viele Leute traurig, und San Isidro hatte sich nie wieder erholt. Der Name allein bewegte ihn noch immer, obgleich die Straße jetzt ausgestorben war und man kaum je einen Weißen oder eine weiße Frau dort traf, ausgenommen die Lastwagenfahrer und die Lieferanten mit ihren Handkarren. Es gab lustige Straßen in Havanna,

Vom Ende des Malecón geht der Blick auf die Hafeneinfahrt von Havanna.

wo nur Neger wohnten, und es gab viele Elendsstraßen und Elendsquartiere, wie Jesús y María, das nicht weit von da gelegen war, aber dieser Teil der Stadt blieb seit der Abreise der Huren traurig.

Sie fuhren jetzt direkt am Hafen entlang, wo die Fähre nach Regla anlegte und die Küstenschoner festmachten. Das Hafenwasser war braun und rauh, aber die Wellen hatten keine Schaumköpfe, das Wasser war einfach zu braun. Es war ein frisches, klares Braun nach der schwarzen Fäulnis im Innern der Bucht, und dahinter, im Schutz der Hügel über Casablanca, lagen die Fischkutter und die grauen Kanonenboote der kubanischen Navy auf Reede. Dort lag auch sein eigenes Schiff, obgleich er es von hier aus nicht sehen konnte. Jenseits der Bucht war die alte gelbe Kirche zu sehen und die Häuser von Regla, die rosa, grün und gelb verstreut lagen, dahinter die Vorratstanks und die Schornsteine der

Raffinerie von Belot und das Gebirge, das sich nach Cojímar hinaufzog.

»Können Sie das Schiff sehen?« fragte der Chauffeur.

»Von hier nicht.«

Sie fuhren jetzt in Lee der rauchigen Schornsteine der Electric Company, und der Morgen war so hell und sauber und die Luft so klar und neugewaschen wie über den Bergen bei der Farm. Jede Bewegung im Hafen sah wie verfroren aus bei dem Nordsturm.

»Lassen Sie uns zuerst zur *Floridita* fahren«, sagte Thomas Hudson zum Chauffeur.

»Es sind nur noch vier Blocks bis zur Botschaft.«

»Ich weiß, aber ich möchte zuerst zur *Floridita.*«

»Wie Sie wünschen.«

Sie fuhren direkt in die Stadt hinein und kamen in den Windschutz der Lagerhäuser und Schuppen. Thomas Hudson roch die Mehlsäcke, die hier lagerten, den Mehlstaub und den Geruch frisch geöffneter Kisten, den Duft von den Kaffeeröstereien, der eine stärkere Sensation war als ein Drink frühmorgens, und er roch den schönen Tabaksduft, der kurz vor der Rechtskurve auf die *Floridita* zu am stärksten war. Das war eine von den Straßen, die er sehr mochte, obwohl er hier nie zu Fuß ging. Bei Tage waren die Trottoirs zu schmal, es herrschte zuviel Verkehr, und nachts, wenn kein Verkehr war, rösteten sie keinen Kaffee und die Luken der Lagerhäuser waren geschlossen, so daß man den Tabak nicht roch.

»Sie haben noch nicht aufgemacht«, sagte der Chauffeur. Die eisernen Rolläden auf beiden Seiten des Cafés waren noch geschlossen.

»Ich hab's mir gedacht«, sagte Thomas Hudson. »Fahren Sie jetzt die Obispo hinunter zur Botschaft.«

Lektüre im Hafencafé:
Ernest Hemingway,
Inseln im Strom

CARTAGENA

Kolumbien
Gabriel García Márquez

Verliebt zwischen Postamt und Bordell

Die Herrscher des Spanischen Weltreichs liebten Cartagena, den Hafen, der sie mit Gold und Edelsteinen versorgte, diesen »Gürtel aus uneinnehmbaren Bastionen, den der spanische König mit seinen Fernrohren von den Ausgucken seines Palastes hatte sehen wollen«. Als Gabriel García Márquez gut zwanzigjährig vor den Schrecken des kolumbianischen Bürgerkriegs aus der Hauptstadt Bogota in die relativ ruhige Hafenstadt flieht, sind von dem vergangenen Ruhm nur noch die Festungsanlagen geblieben. Zu erleben gibt es dennoch genug. Während Kolumbien vom Schrecken staatlicher Willkür überzogen wird, genießt Márquez das Treiben in den Hafenkaschemmen, deren Bänke ihm immer wieder auch als Nachtlager dienen, wie er in seinen Erinnerungen »Leben, um davon zu erzählen« berichtet. In seinem Roman »Liebe in den Zeiten der Cholera« herrscht im Cartagena des ausgehenden 19. Jahrhunderts schläfrige Ruhe, die nur gelegentlich vom Eintreffen der Post gestört wird.

Gabriel García Márquez (geb.1927). Der kolumbianische Schriftsteller, Reporter und Zeitungsverleger lebt heute meist in Mexiko Stadt.

Florentino Ariza verfiel in Trägheit und war so zerstreut, daß er die Flaggen, mit denen er die Ankunft der Post ankündigte, verwechselte, hißte an einem Mittwoch die deutsche

Flagge, als ein Schiff der Leyland Company mit Post aus Liverpool eingelaufen war, und an irgendeinem anderen Tag hißte er die der Vereinigten Staaten, obgleich das eingetroffene Schiff der Compagnie Générale Transatlantique die Post aus Saint-Nazaire brachte. Diese Irrtümer aus Liebe verursachten solche Störungen bei der Postverteilung, und es gab so viel Protest bei den Kunden, daß Florentino Ariza nur deshalb seine Stelle nicht verlor, weil Lothario Thugut ihn am Telegraphen behielt und zum Chor in die Kathedrale mitnahm, damit er dort Geige spiele. Vom Altersunterschied her, sie hätten Großvater und Enkel sein können, war nicht einsichtig, warum sie sich so gut verstanden, sowohl bei der Arbeit wie auch in den Hafenschenken, wo die Nachtschwärmer jenseits aller Klassenschranken landeten, armselige Schluckspechte, aber auch junge Herren im Abendanzug, die von den Galafesten des Club Social flohen, um hier gebackene Meeräsche mit Kokosreis zu essen. Lothario Thugut ging gern nach der letzten Telegraphenschicht dorthin und machte dann oft bis zum Morgengrauen durch, trank Jamaikapunsch und spielte Akkordeon mit den verrückten Mannschaften der Antillenschoner. Er war korpulent, vierschrötig, hatte einen goldenen Bart und eine Jakobinermütze, die er aufsetzte, wenn er nachts ausging, und dann fehlte ihm nur noch das Schellenbündel, um dem heiligen Nikolaus aufs Haar zu gleichen. Mindestens einmal in der Woche landete er bei einer Nachtvögelin, wie er sie nannte, bei einer der vielen, die in einer Absteige für Matrosen Erste-Hilfe-Liebe anboten. Als er Florentino Ariza kennenlernte, führte er ihn zuerst mit einem gewissen lehrmeisterlichen Vergnügen in die Geheimnisse seines Paradieses ein. Er suchte ihm die Vögelinnen aus, die er für die besten hielt, verhandelte mit ihnen über Preis und Stellung und erbot sich, die Leistung im voraus von seinem Geld zu bezahlen. Florentino Ariza nahm das jedoch nicht an: Er war unschul-

dig und hatte den Vorsatz, daran nichts zu ändern, es sei denn aus Liebe.

Kein Gold mehr für Europa, keine Post mehr aus Europa: karibische Trägheit im alten Hafen von Cartagena.

Das Stundenhotel war ein heruntergekommenes Palais aus der Kolonialzeit. Man hatte die großen Salons und die Marmorgemächer in Kämmerchen unterteilt, die sowohl zum Zustoßen wie zum Zuschauen vermietet wurden, da in ihre Pappwände mit Nadeln Gucklöcher gebohrt worden waren. Es wurde von Spannern erzählt, denen man ein Auge mit einer Stricknadel ausgestochen hatte, von einem, der seine eigene Ehefrau in jener erkannte, an der er sich eben sattsehen wollte, von vornehmen Herren, die als Marktfrauen verkleidet kamen, um sich mit Obermaaten auf Landgang abzukühlen, und von etlichen weiteren Betriebsunfällen bei Belauernden und Belauerten, so daß die bloße Vorstellung, ins Nebenzimmer zu spähen, Florentino Ariza in Schrecken versetzte. Also konnte ihn Lothario Thugut nicht davon überzeugen, daß sehen und gesehen werden Raffinements europäischer Fürsten sind.

Im Gegensatz zu dem, was seine Korpulenz vermuten ließ, hatte er das einer Rosenknospe gleichende Schwänzchen eines Cherubs. Doch mußte es sich um einen glücklichen Defekt handeln, denn die gesuchtesten Vögelinnen machten sich die Ehre streitig, unter ihm zu liegen, und wenn sie dann kopflos schrien, bebten die Grundpfeiler des Palais, und seine Gespenster erzitterten vor Grauen. Es hieß, er verwende eine Schlangengiftpomade, die das Ypsilon der Frauen erglühen ließ, doch er schwor, keine anderen Mittel zu benutzen als die ihm von Gott verliehenen. Er lachte sich darüber tot und sagte: »Das ist reine Liebe.« Viele Jahre mußten vergehen, bis Florentino Ariza begriff, daß er vielleicht recht damit gehabt hatte. Endgültig überzeugt war er davon auf einer fortgeschrittenen Stufe seiner Lehrjahre des Gefühls, als er einen Mann kennenlernte, der wie ein König davon lebte, drei Frauen gleichzeitig auszubeuten. Die drei rechneten bei Morgengrauen mit ihm ab, lagen ihm demütig zu Füßen, damit er ihnen die kläglichen Einnahmen verzieh, und ersehnten sich als einzige Belohnung, daß er mit derjenigen schlief, die ihm das meiste Geld gebracht hatte. Florentino Ariza hatte geglaubt, daß nur Angst und Schrecken zu einer solchen Erniedrigung führen könnten. Eines der drei Mädchen verblüffte ihn jedoch damit, daß das Gegenteil wahr sei.

»Diese Dinge«, sagte sie, »kann man nur aus Liebe tun.«

Nicht so sehr wegen seiner Verdienste als Rammler als wegen seines persönlichen Charmes war Lothario Thugut einer der geschätztesten Kunden des Hotels geworden. Auch Florentino Ariza gewann, obgleich er so still und abwesend war, das Wohlwollen des Besitzers, so daß er sich in den härtesten Zeiten seiner Qualen in eines der stickigen Zimmerchen einschließen durfte, um dort Gedichte und rührselige

Geschichten zu lesen. Und von seinen Träumereien blieben Nester dunkler Schwalben auf den Balkonen zurück, das Gewisper von Küssen und ein Flügelschlagen in der Mattigkeit der Siesta. Am Abend, wenn die Hitze nachließ, war es unmöglich, die Gespräche der Männer zu überhören, die kamen, um sich bei einer schnellen Umarmung vom Arbeitstag zu entspannen. So erfuhr Florentino Ariza von mancher Intrige und sogar von einigen Staatsgeheimnissen, die Kunden von Rang, auch städtische Würdenträger, ihren flüchtigen Geliebten anvertrauten, ohne darauf zu achten, ob sie von den Nachbarzimmern gehört werden konnten. Auf diese Weise erfuhr er auch, daß vier Seemeilen nördlich vom Sotavento Archipel seit dem achtzehnten Jahrhundert eine gesunkene spanische Galeone mit Feingold und Edelsteinen im Wert von mehr als fünfhunderttausend Millionen Pesos lag. Er staunte über die Geschichte, dachte aber nicht weiter daran, bis einige Monate später sein Liebeswahnsinn in ihm das Verlangen weckte, den gesunkenen Schatz zu heben: Fermina Daza sollte in Becken aus Gold baden können.

Lektüre im Hafencafé:
Gabriel García Márquez,
Liebe in den Zeiten der Cholera

RIO DE JANEIRO

Brasilien
Stefan Zweig

Eine Stunde Hafeneinfahrt

Für Blaise Cendrars war Rio de Janeiro eine »geschmückte Braut in der großartigsten Landschaft der Welt«. Deren Reizen erliegt auch Stefan Zweig, als er in den 1920er Jahren einer Einladung seines brasilianischen Verlegers folgt. Bevor er von drei Ministern, dem österreichischen Geschäftsträger und einer Gruppe Journalisten und Photographen empfangen wird, genießt er den einzigartigen Anblick der Hafeneinfahrt. Der österreichische Romancier wird in Europa für Brasilien werben und schließlich auf der Flucht vor den Nazis zurückkehren. Im nahe von Rio de Janeiro gelegenen Petrópolis wird er sich gemeinsam mit seiner Frau das Leben nehmen. All das liegt aber noch in weiter Ferne.

Frühmorgens warten schon alle Passagiere ungeduldig an Bord, mit Ferngläsern und Kameras bewaffnet; keiner will, sooft er sie schon bewundernd gesehen, die berühmte Einfahrt in Rio de Janeiro versäumen. Aber noch glänzt das Meer blau und metallen wie seit Tagen und Tagen, beruhigende und zugleich ermüdende Monotonie. Und doch, man fühlt es, daß man sich dem Lande nähert, man atmet die nahe Erde, noch ehe man sie sieht, denn feucht und süß wird mit einem Mal die Luft, weicher fühlt man sie an Mund und Händen, ein dunkler Duft schwebt unmerklich her, gebraut in den Tiefen der riesigen Wälder aus Pflanzenatem und Feuchte der Kelche, jener unbeschreibbare, warme, schwüle und gärende Brodem der Tropen, der auf süße Art einen trunken und müde zugleich macht.

Jetzt endlich in der Ferne ein Umriß: eine Bergkette zeichnet sich unsicher-wolkenhaft in den leeren Himmel hinein, und in dem Maße als das Schiff näher stampft, festigen sich ihre Konturen: es ist die Bergkette, die mit ausgespannten Armen die Bucht von Guanabara beschirmt, eine der größten der Erde. Alle Schiffe aller Nationen fänden darin gleichzeitig Raum, so weit und schwunghaft wölbt sie sich mit ihren vielen einzelnen Baien und Vorgebirgen aus, und innerhalb dieser aufgebrochenen Riesenmuschel liegen wie Perlen verstreut eine Unzahl Inseln, jede anders in Form und Farbe. Manche tauchen nur grau und gleichtönig aus der amethystenen See; für Walfische könnte man sie aus der Ferne halten, so nackt und kahl ist ihr Rücken. Manche wieder sind länglich und steinig gerippt wie Krokodile, manche mit Häusern bestanden, manche als Festungen bewehrt, manche scheinen schwimmende Gärten mit Palmen und Gartengeländen, und während man neugierig ihre unvermutete Vielfalt der Formen mit dem Fernglas bewundert, treten nun gleichzeitig die Berge des Hintergrundes plastisch hervor, auch sie jeder anders und eigenwillig. Nackt steht der eine und der andere ins grüne Palmenkleid gehüllt, felsig dieser und der andere einen schimmernden Gürtel von Häusern und Gärten umgelegt; es ist, als hätte die Natur als verwegene Plastikerin alle irdischen Formen nebeneinanderzustellen versucht, und irdische Namen hat darum auch die Volksphantasie jeder einzelnen dieser bergigen Steingestalten gegeben: die Witwe, der Bucklige, der Hund, der Finger Gottes, der schlafende Riese, die beiden Brüder, und dem allersichtbarsten, dem Pão de Açúcar, den Namen Zuckerhut, der, knapp vor der Stadt aufsteigend, mit seiner steilen Plötzlichkeit vor dem Eingang steht wie die Freiheitsstatue in New York, als das uralte und unverrückbare Symbol dieser Stadt. Aber noch über allen diesen einzelnen Monolithen und Bergen erhebt sich der Häuptling dieses Riesengeschlechts, der Corcovado, und hält ein gewaltiges Kreuz, (das nachts elektrisch erglüht) über Rio de Janeiro segnend erhoben wie ein Priester die Monstranz über eine hingekniete Schar.

Jetzt endlich gewahrt man, nachdem man das Gewirr der Inseln durchfahren, die Stadt. Aber nicht auf einmal gewahrt man sie. Nicht wie etwa in Neapel, in Algier, in Marseille tut sich dies Häuserpanorama wie eine offene Arena mit steigenden Steinstufen einem einzigen Blick auf; Bild um Bild, Teil um Teil, Prospekt nach Prospekt blättert sich Rio de Janeiro auf wie ein Fächer, und gerade dies macht die Einfahrt so dramatisch, so unablässig überraschend. Denn jede der einzelnen besiedelten Buchten, deren Summe erst ihren Strand ergibt, ist durch Bergketten getrennt – es sind gleichsam die Rippen des Fächers, die hier jedes Bild vereinzeln und doch zusammenhalten. Endlich zeigt sich der geschwungene Strand, bezaubernder Anblick: eine weite Strandpromenade, von den Wogen ständig beschäumt, mit Häusern und Villen und Gärten, deutlich unterscheidet man schon das Luxushotel und ansteigend die Hügel empor die waldumrandeten Villen – aber Irrtum! Es ist nur der Strand von Copacabana gewesen, einer der schönsten der Welt, nur eine neue Vorstadt, nicht die eigentliche Stadt. Noch muß man den Pão de Açúcar, den Zuckerhut, umsteuern, der den Blick sperrt, dann erst sieht man die Stadt in der Bucht, dicht und weiß vorblickend zum Strand und wirr sich auflösend in die begrünten Höhen. Man sieht die neuangelegten Strandgärten und den Flugplatz, der eben dem Meer abgewonnen war: gleich wird man landen und seiner Ungeduld Genüge tun. Aber nein! Es war wiederum ein Irrtum und dies nur

Stefan Zweig
(1881–1942)
an Bord der »Alcantara«
unterwegs nach Rio de
Janeiro.

Botafogo
Rio

die Bucht von Botafogo und Flamengo, nochmals muß das Schiff weiter steuern, noch ein anderes Blatt dieses göttlichen, in allen Farben leuchtenden Fächers aufgeblättert werden, noch muß man vorbei an der Marineinsel und jener kleinen mit dem gotischen Palast, wo Kaiser Pedro zwei Tage vor seiner Absetzung ahnungslos den letzten Ball gegeben. Und jetzt erst grüßen die Turmhäuser, eine einzige vertikale Masse, jetzt erst zeigen sich die Docks, jetzt erst kann das Schiff anlegen und man ist in Südamerika, ist in Brasilien, ist in der schönsten Stadt der Welt!

Diese einstündige Einfahrt in Rio ist ein Erlebnis einziger Art und in ihrem unwiderstehlichen Eindruck nur jener in New York zu vergleichen. Aber New York grüßt härter, energischer: wie ein nordischer Fjord wirkt es mit seinen aufgetürmten eisweißen Kuben. Manhattan ist ein männlicher, heroischer Gruß, der steil aufgestoßene menschliche Wille Amerikas, ein einziger Ausbruch zusammengefaßter Kraft. Rio de Janeiro aber bäumt sich einem nicht entgegen – es breitet sich auf mit weichen, weiblichen Armen, es empfängt in einer weit ausgespannten zärtlichen Umarmung, es zieht an sich heran, es gibt sich mit einer gewissen Wollust dem Blicke hin. Alles ist hier Harmonie, die Stadt und das Meer und das Grün und die Berge, all das fließt gewissermaßen klingend ineinander, selbst die Hochhäuser, die Schiffe, die bunten Lichtplakate stören nicht; und diese Harmonie wiederholt sich in immer anderen Akkorden: anders ist diese Stadt, von den Hügeln gesehen, und anders vom Meer, aber überall Harmonie, gelöste Vielfalt in immer wieder völliger Einheit, Natur, die Stadt geworden ist, und eine Stadt, die wie die Natur wirkt. Und vieldeutig und unerschöpflich, großartig und großmütig, wie sie einen empfängt, weiß sie einen zu halten; von der Stunde der Einfahrt an weiß man schon, das Auge wird nicht müde werden und der Sinn nicht satt an dieser einzigartigen Stadt.

Lektüre im Hafencafé:
Stefan Zweig, *Brasilien. Ein Land der Zukunft*

PEARL HARBOUR

Vereinigte Staaten (Oahu)
Jack London

Gehversuche auf schwankendem Land

Wie eine Perle in ihrer Muschel liegt Pearl Harbour geschützt vor dem offenen Meer in der Insel Oahu geborgen. Erst 1911 wurde ein Kanal durch das Korallenriff gezogen und der Hafen für die großen Schiffe der US-Marine befahrbar. Seit dem Luftangriff der Japaner auf die amerikanische Pazifikflotte ist der Name Pearl Harbour untrennbar mit den Schrecken des Krieges verbunden. Es gerät in Vergessenheit, daß der Flottenstützpunkt einst der paradiesische Naturhafen war, in den Jack London 1907 einfuhr.

Mehr als ein Jahr hatte London in den Werften des Hafens von San Francisco verbracht, um sich ein Boot nach seinen eigenen Vorstellungen bauen zu lassen: die »Snark«. Allen Zweiflern und Spöttern zum Trotz – die ganze Stadt amüsierte sich über den schiffsbauenden Literaten – lief er in Begleitung seiner Frau Charmian und einer kleinen Besatzung tatsächlich aus in Richtung Hawaii. Nur erfüllte die Qualität des Bootes, wie sich während der mehrwöchigen Überfahrt herausstellte, seine Erwartungen nicht: es war undicht.

Jack London (1876–1916) am Steuer der »Snark«.

Siebenundzwanzig Tage nach unserer Abfahrt von San Francisco erreichten wir die Insel Oahu, hawaiisches Territorium.

Am frühen Morgen trieben wir um den Diamond Head, vor uns lag Honolulu, und plötzlich wurde der Ozean lebendig. Fliegende Fische durchschnitten in glitzernden Geschwadern die Luft. In fünf Minuten sahen wir mehr von ihnen als auf der ganzen Reise. Andere Fische, große und mancherlei Art, sprangen in die Luft. Überall war Leben, auf der See und am Strand. Wir konnten die Masten und Schornsteine im Hafen sehen und die Hotels und Badegäste am Strand von Waikiki, den Rauch von den Wohnhäusern an den Hängen der erloschenen Vulkane Punch Bowl und Tantalus. Der Zollschlepper raste auf uns zu, und eine große Schar Tümmler schwamm vor unsern Bug und vollführte die lächerlichsten Luftsprünge. Die Barkasse des Hafenarztes lief aus zu uns, und eine große Seeschildkröte brach mit dem Rücken durch die Oberfläche des Wassers und warf einen Blick auf uns. Ein unglaublich üppiges Sprießen von Leben. Fremde Gesichter auf unsern Decks, fremde Stimmen, und Exemplare der Morgenzeitungen mit Kabelberichten aus aller Welt wurden uns unter die Nase gehalten. Zufällig lasen wir, daß die »Snark« mit der gesamten Mannschaft auf See verschollen sei und daß sie jedenfalls ein durchaus seeuntüchtiges Fahrzeug gewesen sei. Und während wir diesen Bericht lasen, erhielt die Kongreßpartei auf dem Gipfel des Haleakala eine drahtlose Mitteilung, die die wohlbehaltene Ankunft der »Snark« meldete.

Es war die erste Landung der »Snark« – und welch eine Landung! Siebenundzwanzig Tage hatten wir auf dem verlassenen Meer verbracht, und es war ziemlich schwer, sich zu vergegenwärtigen, daß so viel Leben in der Welt sei. Uns schwindelte. Wir konnten das alles nicht gleich fassen. Uns war, als träumten wir. Auf der einen Seite schlug das azurblaue Meer über den Horizont in den azurblauen Himmel, auf der anderen Seite hob sich das Meer zu großen smaragdfarbenen Brechern empor, die in schneeigem Dunst auf ein

weißes Korallengestade fielen. Jenseits des Strandes wogten grüne Zuckerrohrpflanzungen sacht zu steileren Hängen empor, die wiederum zu gezackten vulkanischen Kämmen wurden. Überflutet von tropischen Regenschauern und gekrönt von Massen wunderbarer Passatwindwolken. Auf jeden Fall war es der allerschönste Traum. Die »Snark« wendete und hielt genau auf die smaragdgrüne Brandung zu, die zu beiden Seiten donnernd aufstieg, und zu beiden Seiten, kaum einen Zwiebackwurf entfernt zeigte das Riff seine langen Zähne, blaßgrün und drohend.

Unvermutet streckte das Land selbst, ein unbändiges Olivgrün in tausend Schattierungen, die Arme aus und umschloß die »Snark«. Da war keine gefahrvolle Fahrt durch das Riff, keine smaragdene Brandung und azurblaue See – nichts als ein warmes, liebliches Land, eine reglose Lagune und winzige Strandseen, in denen dunkelhäutige Tropenkinder schwammen. Die Ankerketten der »Snark« rasselten durch das Klüsgat, und wir lagen ohne Bewegung auf einem »faltenlosen, ebenen Boden«. Alles war so schön und seltsam, daß wir es nicht als wirklich hinnehmen konnten. Auf der Karte hieß dieser Ort Pearl Harbour, Perlenhafen, aber wir nannten ihn Traumhafen.

Eine Barkasse kam zu uns, Mitglieder des Jachtclubs, um uns mit echt hawaiischer Gastfreundschaft zu begrüßen und uns zu allem, was sie besaßen, willkommen zu heißen. Sie waren gewöhnliche Menschen, an Fleisch und Blut und allem übrigen, vermochten jedoch nicht, unsern Traum zu zerreißen. Unsere letzten Erinnerungen an Menschen waren die an Bundesbeamte der Vereinigten Staaten und beunruhigende kleine Krämer mit rostigen Dollars statt Seelen, die in einer rauchigen Luft von Ruß und Kohlenstaub schmutzige Hände auf die »Snark« legten und sie von ihrem Weltabenteuer abhalten wollten. Doch diese Menschen hier waren sauber. Eine gesunde Bräune lag auf ihren Wangen, und ihre Augen waren nicht geblendet und bebrillt vom übermäßigen Starren auf funkelnde Dollarhaufen. Nein, sie bestätigten den Traum nur. Sie machten ihn endgültig mit ihren unbefleckten Seelen.

So fuhren wir mit ihnen über eine glatte, gleißende See zu dem wundervollen grünen Land. Wir legten an einem winzigen Kai an, und der Traum wurde noch eindringlicher bei dem Gedanken, daß wir auf der winzigen »Snark« siebenundzwanzig Tage über den Ozean geschaukelt waren. Nicht ein einziges Mal während dieser ganzen siebenundzwanzig Tage hatten wir einen Augenblick Ruhe gehabt, hatte die Bewegung einen Augenblick aufgehört. Diese unaufhörliche Bewegung war uns tief eingewurzelt. Wir hatten Körper und Gehirn so lange geschaukelt und geschlingert, daß wir immer noch schaukelten und schlingerten, als wir auf den winzigen Kai kletterten. Das schrieben wir natürlich dem Kai zu. Ich ging mit gespreizten Beinen den Kai entlang und fiel beinahe ins Wasser. Ich blickte auf Charmian, und ihr Gang machte mich traurig. Der Kai hatte ganz den Anschein eines Schiffsdecks. Er hob sich, schwankte, stieg und fiel, und da er keine Geländerstangen hatte, hielt er Charmian und mich beschäftigt, zu vermeiden, daß wir ins Wasser fielen. Jedesmal, wenn ich ihn scharf ansah, weigerte er sich zu schlingern, doch sobald ich meine Aufmerksamkeit von ihm abwandte, lief er wieder genau wie die »Snark«. Einmal erwischte ich ihn dabei, als er sich gerade aufrichtete, und er glich in jeder Hinsicht dem Deck eines Schiffes, das in eine mächtige Gegensee taucht.

Doch schließlich brachten wir mit Unterstützung unserer Gastgeber den Kai hinter uns und erreichten das Land. Aber das Land war nicht besser. Als erstes kippte es an einer Seite hoch, und so weit das Auge reichte, hatte es Schlagseite, deutlich erkennbar gegen sein gezacktes vulkanisches Rückgrat, und oben kippten die Wolken. Das war kein stabiles, fest gegründetes Land, sonst hätte es nicht derartige Kapriolen vollführt. Es war wie alles andere bei unserer Landung unwirklich. Es war ein Traum.

Lektüre im Hafencafé:
Jack London, *Die Fahrt der Snark*

Bangkok

Thailand
Joseph Conrad

In einem Hafen des Ostens

Fern der Heimat, in einem Hafen des Ostens, geht der Held aus Joseph Conrads Roman »Schattenlinie« trotz aller Proteste des von ihm verehrten Kapitän Giles von Bord seines Schiffes, um seine Karriere als Seemann zu beenden. Und gerade in diesem Moment wird wahr, wovon er immer geträumt hat: Ihm wird das Kommando über ein eigenes Schiff übertragen.

Conrad selbst kommandierte ein einziges Mal ein Schiff, die »Otago«, 1888 in den Gewässern Südostasiens. Die Erlebnisse als Kapitän inspirierten ihn zu diesem Roman, in dem er seinen Helden nach Bangkok schickt. Schiff und Mannschaft erwarten den verwirrten Helden im Hafen der Stadt, dem er sich als Passagier eines wenig sympathischen Kapitäns auf dem Chao-Praya-Strom langsam nähert.

Joseph Conrad (1857–1924) mit fünf Schiffsjungen an Deck der »Torrens«, 1891.

Er hatte natürlich viel Erfahrung, die er gerne vorführte; aber einen größeren Kontrast als zwischen ihm und Kapitän Giles konnte man sich gar nicht denken. Ich hätte mich über ihn amüsiert, wenn ich in Stimmung dazu gewesen wäre. Aber das war ich nicht. Mir ging es wie einem Verliebten, der voller Erwartung einem Rendezvous entgegensieht. Menschliche Feindseligkeit war für mich bedeutungslos. Ich dachte nur an mein unbekanntes Schiff. Das bot mir Zeitvertreib genug, Qual genug, Beschäftigung genug.

Mein Gemütszustand blieb ihm nicht verborgen, dazu war er doch zu intelligent, und er machte sich heimlich lustig über das, was mich innerlich beschäftigte, wie es die Art mancher gehässiger, zynischer, alter Männer gegenüber den Träumen und Illusionen der Jugend ist. Ich unterdrückte meinerseits das Verlangen, ihn nach dem Aussehen meines Schiffes auszufragen, obgleich ich wußte, daß er es vom Ansehen kennen mußte, da er etwa jeden Monat in Bangkok war. Ich wollte das Schiff, mein Schiff, nicht irgendwelchen abfälligen Anspielungen aussetzen.

Er war der erste Mensch, mit dem ich je zusammen war, der kein richtiges Mitgefühl kannte. Ich hatte noch lange nicht ausgelernt, obgleich ich es nicht wußte. Nein, ich wußte es nicht!

Ich wußte nur, daß er mich nicht leiden konnte und mich auch ein wenig verachtete. Und warum? Augenscheinlich, weil sein Schiff durch meine Schuld drei Stunden aufgehalten worden war. Wer war ich denn, daß man so etwas für mich tat? Für ihn hatte man so etwas noch nie getan. Es war eine Art eifersüchtiger Entrüstung.

Meine mit Bangigkeit gemischten Erwartungen waren bis aufs höchste gespannt. Wie langsam waren die Tage der Reise verstrichen, und wie schnell waren sie doch vorüber. Eines Tages passierten wir am frühen Morgen die Barre, und während die Sonne in ihrer vollen Pracht über dem flachen Landstrich emporstieg, dampften wir die unzähligen Windungen des Flusses hinauf, an den großen vergoldeten Pagoden vorbei, und erreichten die Außenbezirke der Stadt.

Da lag sie, die orientalische Hauptstadt, weithin ausgestreckt an beiden Ufern. Noch keinen weißen Eroberer hatte sie erdulden müssen. Eine weite Fläche brauner Häuser aus Bambus, aus Matten, aus Blättern, alles aus Pflanzenstoffen erbaute Wohnstätten, die der braunen Erde an den Ufern des schlammigen Flusses entsprossen schienen. Es war erstaunlich, wenn man sich vorstellte, daß in den sich meilenweit erstreckenden Behausungen wahrscheinlich nur ein paar

Blick über den Fluß auf den 86 Meter hohen Tempel Wat Arun.

Pfund Nägel steckten. Einige dieser Häuser klebten wie Vogelnester an den niedrigen Ufern. Andere schienen direkt aus dem Wasser zu wachsen, andere wieder schwammen in langen Reihen hintereinander verankert mitten im Strom. Hier und da ragten aus der Ferne über dem unordentlichen Haufen brauner Dachfirste große Gebäudemassen empor, die königliche Residenz, prunkvolle, halbzerfallene Tempel, die unter den senkrechten Sonnenstrahlen zerbröckelten, unter diesen fürchterlich überwältigenden, fast greifbaren Strahlen, die mit dem eigenen Atem in die Brust zu dringen und sich durch alle Poren in die Glieder einzusaugen schienen.

Der Kapitän, dieses lächerliche Opfer seiner Eifersucht, hatte aus irgendeinem Grunde die Maschine gestoppt. Langsam trieb das Schiff mit der Flut flußaufwärts. Ohne auf meine neue Umgebung zu achten, ging ich ganz in Gedanken verloren – halb waren es romantische Träumereien, halb eine sachliche Abschätzung meiner Fähigkeiten – an Deck auf und ab. Immer näher rückte der Zeitpunkt, da ich mein Schiff sehen und meinen beruflichen Wert in der letzten und größten Prüfung beweisen sollte.

Plötzlich hörte ich meinen Namen von jenem verrückten Kerl rufen. Er winkte mir, zu ihm auf die Brücke zu kommen.

Ich hatte zwar keine sehr große Lust, aber da er mir anscheinend etwas Besonderes zu sagen hatte, ging ich die Treppe hinauf. Dort legte er mir die Hand auf die Schulter, deutete mit der anderen Hand in eine bestimmte Richtung und sagte: »Da, sehen Sie! Dort liegt Ihr Schiff, Kapitän!«

Ich fühlte einen dumpfen Schlag in der Brust – nur einen einzigen –, dann war mir, als hätte mein Herz ganz aufgehört zu schlagen.

Ungefähr zehn Schiffe lagen am Ufer vertäut, aber das Schiff, das er meinte, war teilweise durch das hinter ihm liegende verdeckt.

»Gleich sind wir querab«, sagte er.

Was lag in seinem Ton? Spott? Drohung? Oder nur Gleichgültigkeit? Ich konnte es nicht feststellen und mutmaßte irgendeine Bosheit in diesem plötzlich zur Schau getragenen Interesse für mich.

Er ließ mich stehen, und ich lehnte mich über das Brückengeländer und schaute ins Wasser. Ich wagte einfach nicht aufzublicken. Doch es mußte ja geschehen – und in Wirklichkeit hätte ich auch gar nicht anders gekonnt. Ich glaube, ich zitterte. Aber sowie meine Blicke das Schiff trafen, verschwanden alle Befürchtungen so rasch wie ein böser Traum. Nur daß ein Traum kein beschämendes Gefühl hinterläßt – und einen Augenblick lang schämte ich mich meines unwürdigen Mißtrauens.

Ja, da lag es. Sein Rumpf, seine Takelage waren eine Augenweide. Das Gefühl der Lebensleere, das mich die letzten Monate so ruhelos gemacht hatte, verlor seine schmerzende Eindringlichkeit, seinen üblen Einfluß und löste sich in einer Flut freudiger Erregung auf.

Ich sah auf den ersten Blick, daß es ein erstklassiges Schiff war. An den Linien seines Rumpfes, an der wohlproportionierten Höhe seiner Masten erkannte ich die harmonische Schöpfung. Wie auch immer sein Alter, seine Vergangenheit sein mochte, es hatte sich sein ursprüngliches Gepräge bewahrt. Es gehörte zu jenen Schiffen, die infolge ihrer genialen Konstruktion und vollkommenen Bauart niemals alt aussehen werden. Unter seinen Gefährten, die am Ufer vertäut lagen und alle größer waren, sah es wie ein Geschöpf edelster Rasse aus – ein arabisches Vollblut unter Ackergäulen.

Hinter mir sagte eine Stimme in gehässigem, zweideutigem Ton:

»Ich hoffe, Sie sind mit Ihrem Schiff zufrieden, Kapitän!«

Lektüre im Hafencafé:
Joseph Conrad,
Die Schattenlinie

SHANGHAI

Otto 1964

China
Vicki Baum

Der sichere Hafen der Ferne

Anfang des 20. Jahrhunderts schien das Leben in Shanghai Formen anzunehmen, die sich die europäischen Decadents zuvor nur erträumen konnten. Die exterritorialen Gebiete der Stadt boten ein Ausmaß an Ausschweifung, das selbst die Umtriebe in den wildesten Städten Europas in den Schatten stellte. »Shanghai ist das Leben selbst. Man kann sich nichts Intensiveres vorstellen", hielt Aldous Huxley 1926 beeindruckt in seinem Tagebuch fest. Ende der 1930er Jahre fanden Tausende Flüchtlinge aus Europa Unterschlupf in Shanghai. Vicki Baum porträtiert in ihrem Roman »Hotel Shanghai« die Einfahrt in die rettende Hafenstadt.

Vicki Baum
(1888–1960)

Langsam steigt die Stadt aus den weißen Morgennebeln, die riesige Stadt, die lasterhafte Stadt, die arbeitsame, die gefährliche, die gefährdete Stadt, Shanghai, die Stadt-am-Meer. Aus Schlamm und Sumpf haben die Fremden die Stadt hervorgeholt, mit Opium und Schmuggel ist ihr Reichtum verdient worden, aus dem Schweiß und Blut der chinesischen Kulis sind die fremden Vermögen gepreßt. Jetzt hat sie die wilden Jahre der ersten Jugend hinter sich und beginnt sich zu besinnen, zu verfeinern und sich ihrer Vergangenheit ein wenig zu schämen. Dreieinhalb Millionen Menschen schlafen unter ihren Dächern, in Wolkenkratzern, in ordentlichen Betten, in Gartenhäusern, in Luxushotels und auf zerfetzten Matten, in Booten und in schmutzigen, schleimigen Winkeln. Sie schlafen, träumen und erwachen, Missionare und Millionäre, Eroberer und Besiegte, Erpresser und Erpreßte. Die Sirenen der Fabriken rufen zur Arbeit; Frauen, Kinder und Kulis wandern käfergleich in die Mühlen, die Seidenspinnereien, die Baumwollwebereien. Morgenflugzeuge steigen auf und verschwinden am Himmel. Soldaten exerzieren, Lastträger schleppen Waren zum Hafen, Automobile werden gewaschen, Spieler taumeln aus den Klubs, mit Gewinn und Verlust. Indische, französische, russische, annamitische, chinesische Polizisten sorgen für Ordnung. Diebesbanden und Einbrecher teilen die Beute der Nacht. Banken ziehen ihre Rolläden hoch, Nachtlokale schließen. Matrosen strömen zu ihren Schiffen zurück, und tausend braune Dschunkensegel werden aufgespannt. Handwerker aller Farben und Gewerbe hocken sich zu ihrer Arbeit. Tee wird aus ungezählten, blau-weißen Tassen geschlürft, und die zu arm sind für Tee, die trinken heißes Wasser. Die Fabrikate der ganzen Welt werden am Hafen abgeladen; chinesische Vermittler besorgen die Geschäfte der Fremden, und fremdes Geld bleibt an ihren Händen kleben. Am Eingangstor der wimmelnden Welt, die China heißt, drängen sich die Konkurrenten mit ihren Waren. Zwischen Schmugglern und Zollwächtern geht ein unterirdisches Kämpfen und Bestechen. Studenten strömen zu den Universitäten, um sich den Bauch mit fremdem Wissen zu füllen, zum Segen des Landes und der Nation oder zum eigenen Vorteil und dem der Sippe und Familie. Murmelnde Priester zünden Kerzen und Weihrauch an, und Menschen aller Religionen beten vor Altären jedes Glaubens, Buddhisten, Taoisten und Lamas; Katholiken, Protestanten, Mormonen; Christen sämtlicher Schattierungen und Sekten raufen sich um die Seelen der Chinesen; Verkäufer aller Nationen raufen sich um ihr Geld. […]

Um 1900 noch mitten im Zentrum der Stadt: die Landungsbrücken von Shanghai.

n in aller
de, weiße
e lag eine
r Herz.
Die weiße
chten, als
ein Dunst
dem Bett
ei, sie sa-
geschickt
vor Hitze,
entfernt.
Ruth steckte ihren Kopf durch die Luke und witterte neugierig die fremde Luft. Mehr Boote kamen vorbei mit blauen Leuten drin. Ruth winkte ihnen zu, als sie dicht herankamen, aber niemand winkte zurück. […]

Als sie wieder aufs Promenadendeck kam, sah der Fluß viel schmaler aus und war gedrängt voll von Booten aller Formen. Kriegsschiffe, ein Segler mit aufgezogener Leinwand, kleine, eifrige Dampfkähne, in denen kleine Frauen in blauen Hosen und Jacken schwere Männerarbeit taten. Weiße Fabriken tauchten auf, die dunstigen Konturen von Wolkenkratzern in der Ferne.

»Der Kai«, sagte Mr. Murata und stellte sich neben sie an die Reling. Er war in Kobe aufs Schiff gekommen und an ihren Tisch gesetzt worden. Der junge Mormonen-Missionar, der vorher ihr Tischnachbar gewesen war, hatte das Boot in Yokohama verlassen.

»Wie geht es Ihnen heute? Ein schöner Tag«, sagte Murata, es klang wie die erste Lektion aus einem Sprachführer. »Danke, fein«, sagte Ruth. »Und wie geht es Ihnen?«

»Danke«, erwiderte Murata. »Okay.«

Ruth hatte keine Zeit mehr, sich mit dem Japaner abzugeben. Da war Shanghai. Da war China. Da war das Ufer, an dem sie von Frank erwartet wurde. Das Schiff war voll von nervöser Unruhe unmittelbar vor der Landung. Es drehte bei, wurde langsamer. Die Maschine stand und arbeitete dann wieder. Da drüben war der Pier, ein Gewimmel von blauen Chinesen und weißen Europäern. Ruths Herz schlug, wie ein Vogel mit den Flügeln schlägt. Es tat weh in der Brust. »Miß Anderson?« sagte Murata neben ihr. Den Anfang hatte sie nicht gehört, die Ohren sausten ihr, Ketten rasselten, und die Passagiere drängten alle vom Promenadendeck fort in eine Richtung. Die Sonne schien. Es war heiß, und Ruth fand nur einen ganz schnellen, winzigen Atem in ihrer Kehle. […]

Sie hielt sich an der Reling fest und starrte auf die Leute am Pier. Es waren mehrere Millionen Leute da unten, und alle riefen und winkten, schwenkten Blumensträuße und Panamahüte. Weiße Herren, weiße Damen, bunte japanische Kimonos dazwischen und chinesische Kulis, wie blauer Ufersand. Ruth konnte Frank nicht finden. Plötzlich wurde sie von einer irrsinnigen Idee überfallen. Vielleicht erkenne ich ihn nicht mehr. Ein paar Sekunden lang kam ihr das ganz wahrscheinlich vor, so, als ob sie und Frank in den endlosen drei Jahren sich in Grund und Boden verändert hätten. Mr. Murata neben ihr hielt eine seiner umständlichen Ansprachen. »Darf ich Ihnen versichern, Miß Anderson, welches Vergnügen mir die Bekanntschaft mit Ihnen gemacht hat? Empfehlen Sie mich bitte dem geehrten Herrn Bräutigam. Ich hoffe, die Ehre zu haben, Sie in Shanghai zu treffen und Ihnen die Bücher zurückstellen zu können. Danke. Besten Dank. Beste Wünsche, Miß Anderson.«

Ruth hörte längst nichts mehr. Sie starrte auf den maßlosen Aufruhr, der jede Ankunft und Abfahrt in Shanghai begleitet. »Dürfen wir aussteigen?« fragte sie einen Schiffsoffizier, der vorbeilief. »Yes, yes«, sagte er.

Ruth stand am Pier. Um sie herum waren Gedränge und Geschrei. Umarmungen der Weißen, viele tiefe zeremonielle Verbeugungen der Gelben. Sie wurde hin und her gestoßen, und sie durchsuchte zum hundertstenmal mit ratlosen Blicken die Menge. Kulis umringten sie, zerrten an ihr, schrien unverständliche Angebote in sie hinein, dazwischen gingen ordentliche Japaner hin und her und versuchten etwas zu organisieren, was sich nicht organisieren ließ. Eine Million Leute war zum Pier gekommen, aber Frank war nicht unter ihnen. Frank war nicht da. »Taxi, Lady?« fragte sie ein Japaner in weißer Uniform. »Ich weiß nicht …«, sagte Ruth ratlos.

»Hallo Zwerg?« sagte Frank hinter ihr. Sie drehte sich um.

»Hallo Frank …«, sagte sie atemlos.

Lektüre im Hafencafé:
Vicki Baum,
Hotel Shanghai

SAIGON
(heute: Ho-Chi-Minh-Stadt)

x 2014

Vietnam
Marguerite Duras

Abschied ohne Tränen

William Somerset Maugham wähnte sich um 1930 in eine verschlafene französische Provinzstadt versetzt. Graham Greene, der in Saigon Teile seines »Stillen Amerikaners« schrieb, bot sich ein verführerisches Bild opiumgesättigter Ausschweifung. Sowohl von französischer Provinzialität als auch von verruchten Vergnügungen ist in Marguerite Duras' Roman *Der Liebhaber* die Rede. Autorin und Protagonistin wuchsen in Indochina auf, als Töchter von Franzosen, jedoch ohne Bezug zum Mutterland. Nur die großen Dampfer der »Messageries Maritimes« vermittelten einen Eindruck von der anderen Heimat.

Marguerite Duras (1914–1996) als junge Frau in Vietnam.

Die Dampfer fuhren den Fluß von Saigon hinauf, mit abgestellten Motoren, gezogen von Schleppern, fuhren bis zu den Hafenanlagen in jener Schleife des Mekong, die auf der Höhe von Saigon liegt. Diese Schleife, dieser Arm des Mekong, heißt der Fluß, der Fluß von Saigon. Der Landungsaufenthalt dauerte acht Tage. Kaum waren die Schiffe am Kai, war Frankreich da. Man konnte in Frankreich essen gehen, tanzen, für meine Mutter war das zu teuer, für sie lohnte es sich nicht, mit ihm aber, dem Liebhaber von Cholen, wäre es möglich gewesen. Er ging nicht hin, aus Angst, sich mit einem so jungen weißen Mädchen zu zeigen, das sagte er zwar nicht, doch sie wußte es. Damals, und diese Zeit liegt nicht allzu weit zurück, knapp fünfzig Jahre, konnte man nur mit dem Schiff überall hinreisen. Große Teile der Kontinente waren ohne Straßen, ohne Bahnlinien. Auf Hunderten, ja Tausenden von Quadratkilometern gab es nur die Straßen der Vorzeit. Die schönen Dampfer der Messageries Maritimes, die stattlichsten der Linie, die Porthos, die Dartagnan, die Aramis, verbanden Indochina mit Frankreich.

Wie die Autorin muß auch die Heldin des Romans »eines Tages lernen, daß sie Französin ist.« Im Hafen von Saigon geht sie an Bord eines Dampfers, der sie weg von ihrem Liebhaber in eine unbekannte Heimat bringt.

Der Aufbruch. Es war immer der gleiche Aufbruch. Es war immer der erste Aufbruch aufs Meer. Die Trennung vom Festland vollzog sich immer in Schmerz und Verzweiflung, doch das hatte die Menschen nie daran gehindert aufzu-

Das Gebäude der »Messageries Maritimes« in Saigon zu Kolonialzeiten Ende des 19. Jahrhunderts.

Ein Hafen, zwei Welten: Ein Dampfer der »Messageries Maritimes« und vietnamesische Boote am Kai von Saigon.

brechen, die Juden, die Geistesmenschen, die allein um der Seereise willen Reisenden, und hatte auch nie Frauen daran gehindert, ihre Männer ziehen zu lassen, sie, die nie aufbrachen, die zurückblieben, um die heimatliche Stätte, die Nachkommenschaft, das Hab und Gut zu hüten, den Grund zur Rückkehr. Während Jahrhunderten hatten die Schiffe dafür gesorgt, daß die Reisen langsamer, auch tragischer waren, als sie es heutzutage sind. Die Dauer der Reise deckte die Länge der Entfernung auf natürliche Weise ab. Man war an diese langsamen menschlichen Geschwindigkeiten auf dem Festland wie auf dem Meer gewöhnt, an diese Verspätungen, an dieses Warten auf Wind, auf das Aufklaren, auf Schiffbrüche, auf Sonne, auf den Tod. Die Dampfer, die die kleine Weiße kennengelernt hatte, gehörten bereits zu den letzten Kurierschiffen der Welt. Tatsächlich wurden in ihrer Jugend die ersten Fluglinien eröffnet, die die Menschen nach und nach um die Reise quer über die Meere brachten. [...]

Als die Stunde der Abfahrt nahte, stieß das Schiff ein dreimaliges langanhaltendes Sirenengeheul von schrecklicher Gewalt aus, es war in der ganzen Stadt zu hören, und in der

Feierlicher Abschied im Hafen von Saigon.

Hafengegend wurde der Himmel schwarz. Die Schlepper fuhren nun ans Schiff heran und zogen es zur Hauptfahrrinne. Danach lösten sie die Ankertaue und kehrten zum Hafen zurück. Das Schiff nahm nun noch einmal Abschied, stieß erneut sein fürchterliches und so geheimnisvoll trauriges Gebrüll aus, das die Leute zum Weinen brachte, nicht nur die Reisenden, die sich trennten, auch die, die zuschauen wollten, die ohne besonderen Grund zugegen waren und niemandem nachtrauern mußten. Das Schiff fuhr nun sehr langsam, aus eigener Kraft, den Fluß hinab. Lange sah man seine hohe Gestalt auf das Meer zusteuern. Viele Leute schauten ihm nach, gaben immer langsamer, immer mutloser werdende Zeichen mit ihren Schals, ihren Taschentüchern. Und dann, zuletzt, nahm die Erde die Gestalt des Schiffs in ihre Krümmung. Bei klarem Wetter konnte man es langsam sinken sehen.

Lektüre im Hafencafé: Marguerite Duras, *Der Liebhaber*

Auch sie hatte, als das Schiff seinen ersten Abschiedsruf ausstieß, als die Laufbrücke hochgezogen wurde und die Schlepper es zu ziehen, vom Festland zu entfernen begannen, geweint. Sie hatte geweint, ohne ihre Tränen zu zeigen, denn er war Chinese und es gehörte sich nicht, um diese Art von Liebhabern zu weinen. Ohne ihrer Mutter und ihrem kleinen Bruder zu zeigen, daß sie Kummer hatte, ohne irgend etwas zu zeigen, wie es zwischen ihnen üblich war. Sein großer Wagen stand da, lang und schwarz, vorne der Chauffeur in Weiß. Er stand etwas abseits vom Parkplatz der Messageries Maritimes, allein. Sie hatte ihn an diesen Merkmalen erkannt. Auf dem Rücksitz, diese kaum wahrnehmbare Gestalt, die reglos da saß, niedergeschmettert, das war er. Sie stützte sich auf die Reling wie beim ersten Mal auf der Fähre. Sie wußte, daß er zu ihr hersah. Auch sie sah zu ihm hin, sie konnte ihn nicht mehr erkennen, doch sie sah immer noch zur Form des schwarzen Automobils hinüber. Und dann, zuletzt, sah sie sie nicht mehr. Der Hafen verschwand und danach das Festland.

Ein Stück Frankreich auf dem Weg nach Europa: Abfahrt eines Dampfers aus Saigon.

SAIGON – Départ pour la France d'un paquebot des Messageries Maritimes

Textnachweise

Vicki Baum, *Hotel Shanghai*
© 1935, 1975, 2007 by Verlag Kiepenheuer & Witsch, Köln

Albert Camus, *Der erste Mensch*
Aus dem Französischen von Uli Aumüller
Copyright © 1995 by Rowohlt Verlag GmbH, Reinbek bei Hamburg

Albert Camus, »Sommer in Algier«
Aus: *Freude des Lichts – Reisebilder*
Aus dem Französischen von Peter Gan
© 1992 Verlag Herder, Freiburg im Breisgau

Tahar Ben Jelloun, *Verlassen*
Aus dem Französischen von Christiane Kayser
© Berlin Verlag GmbH, Berlin 2006

Louis-Ferdinand Céline, *Reise ans Ende der Nacht*
Aus dem Französischen von Hinrich Schmidt-Henkel
Copyright © 1958, 2003 by Rowohlt Verlag GmbH, Reinbek bei Hamburg

Joseph Conrad, *Die Schattenlinie*
Aus dem Englischen von Ernst Wagner
© S. Fischer Verlag GmbH, Frankfurt am Main 1971

Joseph Conrad, *Spiel des Zufalls*
Aus dem Englischen von Lore Krüger
© Aufbau Verlagsgruppe GmbH, Berlin 1978 (für die Übersetzung, die erstmals im Aufbau-Verlag erschien; Aufbau ist eine Marke der Aufbau Verlagsgruppe GmbH)

Marguerite Duras, *Der Liebhaber*
Aus dem Französischen von Ilma Rakusa
© der deutschen Übersetzung Suhrkamp Verlag, Frankfurt (Main) 1985

Max Frisch, *Stiller.* Roman
© Suhrkamp Verlag, Frankfurt (Main) 1954

Gabriel García Márquez, *Liebe in den Zeiten der Cholera*
Aus dem Spanischen von Dagmar Ploetz
© 1987, 1998, 2006 by Verlag Kiepenheuer & Witsch, Köln

Günter Grass, *Die Blechtrommel*
Band 3 der Werkausgabe
© Steidl Verlag, Göttingen 1997/2002
Die Erstausgabe erschien September 1959

Bildnachweise

1/o Eugen Kusch. 1/u Paul Popper Ltd., London. 2/o, 26, 43, 92, 104, 128, 174 ullstein bild. 2/u Gerhard Vetter. 8 Bettmann/CORBIS. 10 Historical Museum of Crete. 11 Privatsammlung Ian Boyle. 14 Maynard Owen Williams/getty images. 18, 34, 84, 124 Hulton-Deutsch Collection/CORBIS. 20 Gerhard P. Müller. 21 Sammlung Orhan Pamuk. 23 James Robertson. 25 aus: Hendrikje Kilian und Vera Trost, »Historische Fotografien aus Istanbul«, Edition Braus im Wachter Verlag, Heidelberg. 29 Slg. Hückstädt/Archiv DSM. 32 ullstein bild – Alinari Archives. 36 Fernand Rausser. 38 Slg. Arnold Kludas/Archiv DSM. 44 akg-images/Paul Almasy. 47, 49, 58, 152, 156 ullstein bild – Roger Viollet. 51 akg-images. 52, 55, 61, 63, 76, 87, 88, 91, 97, 111, 113, 149, 167, 170, 173 Privatsammlung Thomas Hack. 53 Hulton Deutsch Collection, London. 54 Archives Albert Camus/IMEC. 57 PARROT PASCAL/CORBIS SYGMA. 66 Foto Hans Engelmeyer/Archiv DSM. 70 Christophe Boisvieux/Corbis. 74 ullstein bild – Boness/IPON. 77/u NYWT&S (Associated Press). 78, 80, 82 USHMM, courtesy of Milton Koch. 86, 89 Brassaï, Paris. 94 B. Traven-Archiv (Nachlaß), Guernavaca, Mexiko. 95 Gemeentearchif Rotterdam (GAR). 100 Staatliche Landesbildstelle, Hamburg. 101 ullstein bild – Sven Simon. 102 Käthe Hamann, Hamburg. 107 Archiv Ellert & Richter Verlag, Hamburg. 116, 120 aus: Donald Tusk, »Einst in Danzig«, Fundacja »Dar Gdańska«, Danzig. 118 Stiftung Archiv der Akademie der Künste Berlin, Günter Grass Archiv, Slg. Maria Rama. 127 Island History Trust. 132, 138 Photography Collection, Miriam and Ira D. Wallach Division of Arts, Prints and Photographs, The New York Public Library, Astor, Lenox and Tilden Foundations. 134 The Bettmann Archive. 135 Picture Collection, The Branch Libraries, The New York Public Library, Astor, Lenox and Tilden Foundations. 140 General Photographic Agency/getty images. 141 John Fitzgerald Kennedy Library, Boston/ © Earl Theisen. 143, 145 aus: Hans-Gert Schubert, »Rote Insel im Atlantik«, Verlag Neues Leben. 155 Sammlung K.L. Maschler. 161 aus: Jacques Chegaray, »Hawaii: Isles of Dreams«, Arthur Barker Ltd., London. 165 aus: Jerry Allen, »The Sea Years of Joseph Conrad«, Methuen & Co. Ltd., London. 178, 180, 181, 182, 183 Sammlung F. D. Fievez. 179 collection Jean Mascolo.

Die in diesem Buch formulierten Ansichten und Meinungen und der Kontext, in dem die Fotos des United States Holocaust Museums abgebildet werden, entsprechen nicht notwendigerweise den Ansichten bzw. der Politik des USHMM und finden auch nicht zwingend dessen Zustimmung oder Billigung.

1 2 3 4 09 08

Umschlaggestaltung: Christina Hucke
Hauptbild: © Charles E. Rotkin/CORBIS
Die Leonardo da Vinci erreicht auf ihrer Jungfernfahrt den Hafen von New York (1960).
Foto Ernest Hemingway: © Bettmann/CORBIS
Foto Joseph Conrad: © picture-alliance/dpa
Foto Marguerite Duras: © collection Jean Mascolo
Foto Orhan Pamuk: © picture-alliance/dpa

Bildrecherche: Nicole Minten-Jung
Satz: Offizin Götz Gorissen, Berlin
Druck: Medialis GmbH, Berlin
Bindung: Leipziger Kunst- und Verlagsbuchbinderei GmbH, Leipzig
(Eichborn Berlin)

ISBN 978-3-8218-0962-5

Eichborn Verlag, Kaiserstraße 66, D-60329 Frankfurt am Main

Mehr Informationen zum Programm von Eichborn Berlin und Eichborn finden Sie unter
www.eichborn-berlin.de und www.eichborn.de